中等职业技术教育国家紧缺型人才培养精品教材——贸易与物流

外贸单证实务

主　编　苏杨柳　喻　媛
副主编　刘彦彦　莫　柳　冯兰斯　农新华
参　编　章　洁　徐文勇　陆超卉　韦柳芳

西南交通大学出版社
·成　都·

图书在版编目（CIP）数据

外贸单证实务 / 苏杨柳，喻媛主编. —成都：西南交通大学出版社，2020.3
中等职业技术教育国家紧缺型人才培养精品教材. 贸易与物流
ISBN 978-7-5643-7392-4

Ⅰ. ①外… Ⅱ. ①苏… ②喻… Ⅲ. ①进出口贸易 - 原始凭证 - 中等专业学校 - 教材 Ⅳ. ①F740.44

中国版本图书馆 CIP 数据核字（2020）第 041060 号

中等职业技术教育国家紧缺型人才培养精品教材——贸易与物流
Waimao Danzheng Shiwu
外贸单证实务

主　编 / 苏杨柳　喻　媛

责任编辑 / 赵玉婷
助理编辑 / 李芷柔
封面设计 / 何东琳设计工作室

西南交通大学出版社出版发行
（四川省成都市金牛区二环路北一段 111 号西南交通大学创新大厦 21 楼　610031）
发行部电话：028-87600564　028-87600533
网址：http://www.xnjdcbs.com
印刷：四川森林印务有限责任公司

成品尺寸　185 mm × 260 mm
印张　9.5　字数　209 千
版次　2020 年 3 月第 1 版　印次　2020 年 3 月第 1 次

书号　ISBN 978-7-5643-7392-4
定价　30.00 元

课件咨询电话：028-81435775
图书如有印装质量问题　本社负责退换

前 言 | PREFACE

外贸单证作为国际贸易交易中各个环节的操作凭证具有十分重要的作用；而目前国际贸易专业中，也出现了外贸单证实务这门课程，更可证明其重要性。国际贸易的最终目的就是盈利，外贸单证作为结算的基本工具，如果遗失会给结汇带来诸多不便。外贸单证是双方履行合同的一种必要手段，也是出口企业对自己经营状况的一种管理。今天的外贸单证的种类已经相当完备，外贸交易中的每一个环节，都用其特有的单证来进行，例如合同签订需要订立商业合同，报商检机关检验需要报检单，商检机关则会出具通关单，出口报关需要报关单，产品装箱需要装箱单，产品运输需要运输单，产品保险需要保险单等。本书从职业教育实际出发，分别从交易前准备、交易磋商与签订合同、信用证的开立与审核、出口合同的履行、国际货物运输、国际货物保险、国际货运报关以及进口合同的履行等八个项目分多个任务详细阐述了外贸单证，具有较强的可读性和实用性。

本书可作为中等职业学校国际贸易、国际经济、国际商务、报关与国际货运等专业的教材，也可作为物流单证员、跟单员、报关报检员、船舶大副、外贸行业单证岗位的培训教材，以及有志从事外贸单证工作的人士自学之用。

本书在编写过程中得到了多家物流企业的大力支持和悉心指导，编写过程中还参考引用了大量的文献和资料，在此一并表示衷心的感谢。本书相关案例中出现的人名、地名、公司名、联系电话与事件等均为虚构，与现实无关，特此说明。

由于编者水平有限，书中难免存在不足和欠妥之处，衷心希望广大读者能够对本书的不当之处给予批评指正。

编 者

2020 年 1 月

目　录 | CONTENTS

项目一　交易前的准备

任务一　国际市场调研

企业进出口商品离不开国际市场，而需以国际市场为其广阔的活动空间。要使自己的产品打入国际市场并且畅销不衰，或以较低的价格购进所需的商品，企业必须了解国际市场，对国际市场进行调研，以帮助企业制定有效的市场营销决策，实现企业经营目标。

一、知识准备：国际市场调研内容

从国际贸易商品进出口角度看，国际市场调研主要包括：国际市场环境调研、国际市场商品情况调研、国际市场营销情况调研、国外客户情况调研等。

1. 国际市场环境调研

企业开展国际商务进行商品进出口，如同军队作战首先需分析地形、了解作战环境一样，需先了解商务市场环境，做到知己知彼，百战不殆。企业对国际市场环境调研的主要内容包括以下几点：

（1）国外经济环境。包括一国的经济结构，经济发展水平，经济发展前景，就业，收入分配等。

（2）国外政治和法律环境。包括政府机构的重要经济政策，政府对贸易实行的鼓励、限制措施，特别是有关外贸方面的法律法规，如关税、配额、国内税收、外汇限制、卫生检疫、安全条例等。

（3）国外文化环境。包括使用的语言、教育水平、宗教、风俗习惯、价值观念等。

（4）其他。包括国外人口、交通、地理等情况。

例：我们是世界上最大的丝绸进口商之一。我们过去一直是从日本进口的，现在我们想到中国市场订购。

Please be informed that we are one of the largest importers of silk in the world. We have been importing this item from Japan and now intend to extend our business to import the same from China.

2. 国际市场商品情况调研

企业要把产品打入国际市场或从市场进口产品，除需了解国外市场环境外，还需了解国外商品市场情况，主要有：

（1）国外市场商品的供给情况。包括商品供应的渠道、来源，国外生产厂家、生产能力、数量及库存情况等。

（2）国外市场商品需求情况。包括国外市场对商品需求的品种、数量、质量要求等。

（3）国际市场商品价格情况。包括国际市场商品的价格、价格与供求变动的关系等。

3. 国际市场营销情况调研

国际市场营销情况调研是对国际市场营销组合情况的调研，除上述已经提到的商品及价格外，一般还应包括：

（1）商品销售渠道。包括销售网络设立、批零商的经营能力、经营利润、消费者对他们的印象、售后服务等。

（2）广告宣传。包括消费者购买动机、广告内容、广告时间、广告方式、广告效果等。

（3）竞争分析。包括竞争者产品质量、价格、政策、广告、分配路线、占有率等。

4. 国外客户情况调研

每个商品都有自己的销售（进货）渠道。销售（进货）渠道是由不同客户所组成的。企业进出口商品必须选择合适的销售（进货）渠道与客户，做好国外客户的调查研究。一般说来，商务企业对国外客户的调查研究主要包括以下内容：

（1）客户政治情况。主要了解客户的政治背景、与政界的关系、公司企业负责人参加的党派及对我国的政治态度。

（2）客户资信情况。包括客户拥有的资本和信誉两个方面。资本指企业的注册资本、实有资本、公积金、其他财产以及资产负债等情况。信誉指企业的经营作风。

（3）客户经营业务范围。主要指客户的公司企业经营的商品及其品种。

（4）客户公司、企业业务。指客户的公司企业是中间商还是使用户或专营商、兼营商等。

（5）客户经营能力。指客户业务活动能力、资金融通能力、贸易关系、经营方式和销售渠道等。

二、任务实施：国际市场调研的渠道、方法

国际市场调研是复杂细致的工作，须有严格、科学的程序和方法。

1. 国外市场调研

企业进行国外市场环境、商品及营销情况调查一般可通过下列渠道、方法进行：

（1）派出国推销小组深入国外市场以销售、问卷、谈话等形式进行调查（一手资料）。

（2）通过各种媒体（报纸、杂志、新闻广播、计算机数据库等）寻找信息资料（二手资料）。

（3）委托国外驻华或我驻外商务机构进行调查。

通过以上调查，企业基本上可以解决应选择哪个国家或地区为自己的目标市场、企业应该出口（进口）哪些产品以及以什么样的价格或方法进出口等问题。

例：贵国驻华大使馆商务参赞处告知：你拟从我国进口车床，故特致函你公司，希望能在该项产品方面建立业务关系。

The Commercial Counsellor's Office of your Embassy in China has informed us that you intend to import Lathes from China and we are writing to you in the hope that we may establish business relations with you in this line.

2. 国外客户调研

国外客户调研主要指客户资信情况调查，一般通过以下途径进行：

（1）委托国内外咨询公司对客户进行资信调查。

（2）委托中国银行及其驻外分支机构对客户进行资信调查。

（3）通过我方外贸公司驻外分支机构或商务参赞、代表处对客户进行资信调查。

（4）利用交易会、洽谈会、客户来华谈判、派出国代表团、推销小组等对客户进行资信调查。

通过上述方式调查企业可有针对性地选择客户进行交易。

此外，企业在进行国外市场调查的同时，也应注意做好国内货源及需求方面的调查。

例：我们想请你们代为查询一下伦敦一家商行的财务和信用情况，他们是 James Neils & Co.。他们的银行是香港汇丰银行。谢谢。

We should appreciate it if you could obtain for us all information about the financial and credit standing of James Neils & Co. in London. The reference they have given us is their bank, Hongkong and Shanghai Banking Corporation.

三、知识链接

商会 chamber of commerce

报盘（价） quotation

还盘 counter-offer

海关发票 customs invoice

赊账方式 open account terms

原产地证 certificate of origin

进口配额制 import quotas system

汇票 bill of exchange

本票 promissory note

保兑信用证 confirmed L/C

四、拓展提升

1. 听力练习

（1）美国国家公共广播电台 NPR：http://www.npr.org/。

特点：标准美式英语。

建议：每天花三十分钟左右，反复听英语广播。点击网页中左边“BROWSE TOPICS”下的“News”选项。选择自己有兴趣的新闻链接，点开“Listen Now”左边的红色小喇叭图标，反复听该新闻的广播。

（2）英国广播公司 BBC：http://news.bbc.co.uk/。

特点：标准英式英语。

建议：点击网页中左边选项中的“Video and Audio”，再选择视频短片。

（3）VOA 特别英语：http://mwww.tingroom.com/flash/（VOA 标准英语及英语电台）。

2. 发音练习

韦伯字典：http://www.m-w.com/。

特点：世界权威词典，发音标准，有助于纠正发音。

建议：在网页中间的输入框中输入要听发音的单词，然后点击“Search”，在搜索结果页面上再点击单词旁边的红色小喇叭图标就可以听到发音了。

3. 单词记忆

我要模考网词汇练习：http://www.51mokao.com/Users/UserPosts.aspx?id=373&type=languages。

特点：在线词汇练习，不枯燥，效率高，在答案页面上还可以听单词发音。

建议：在“各类语言”页面中搜索标签“记忆练习”，然后选一组词汇，反复练习，直到做到全对为止。对于发音没把握的单词，在对答案时要记得查听一下该单词发音。每天花十分钟左右，放松心情，把练习当作游戏来做可能效率会更高。

4. 阅读练习

路透社：http://www.reuters.com/。

特点：内容丰富、全面。文章均为标准英语，多阅读有助于提高写作能力。

建议：每天花二十分钟左右，选一篇自己有兴趣的文章阅读，以泛读为主。对于生词的发音，可以用韦伯字典网站查发音。对于不懂的词汇和句子，可以用 Google 英译中进行翻译。

5. 翻译常用工具

有道翻译：http://fanyi.youdao.com/。

Google 中译英：http://icifr.lt98.com/fanyi.htm。

Google 英译中：http://www.123cha.com/tran/。

特点：方便，实用。单词、句子都可以翻译。

建议：主要用来翻译单词、词组、和短句。长句的翻译有时不太准确，需要加以分析和判别。

6. 外贸业务员查询网站

（1）中国出口精英网，学习和了解外贸知识，掌握外贸人所知 道的全部知识。网址：http://www.cnexp.net/。

（2）中国国际展览网，主要针对需要开拓国外市场，参加海外最具影响力的展会企业的展会查询。网址：http://www.abroadshows.com。

（3）阿拉伯交易网。出口：http://www.atobo.com/。

（4）海关综合信息资讯网：http://china-customs.com/customs-yellowpage/class/0000000. html。

（5）服装所有的行业和贸易网：http://web.nzn.cn/1992.html。

（6）贸易人门户网站：http://www.maoyiren.com/。

（7）美国采购网：http://www.66us.com.cn/。

（8）服装行业网址：http://web.nzn.cn/1943.html。

（9）中国出口公司详细目录表：http://kailing.vicp.net/eBusiness/buyer_liste/1.htm。

（10）万国商机在线：http://map.cn.mmimm.com/。

（11）核销单查询：http://61.175.135.177/Search/waihui.asp。

（12）集装箱进场信息查询：http://61.175.135.177/search/new_search/search_list.asp。

（13）宁波港国际集装箱班轮作业计划：http://61.175.135.177/internet/shiptit.asp。

（14）出口船名航次查询：http://61.175.135.177/Search/trans_means.asp。

（15）进口舱单信息查询：http://61.175.135.177/search/Manifest_Search.asp。

（16）出口舱单信息查询：http://61.175.135.177/Search/ex_main_head.asp。

（17）报关单流转查询：http://61.175.135.177/search/new_search/moni_search.asp。

（18）产品国际认证检测查询：http://www.chinajc.com.cn/certificate/index.asp。

（19）世界各地时间查询：http://www.china.org.cn/worldclock/worldclock.htm。

（20）海关 HS 码查询：http://www.webcargo.com.cn/QueryPages/ApecQuery.asp。

任务二　进出口商品经营方案

一、知识准备

进出口商品经营方案是企业依照其国内外市场、企业经营决策及目标对其所经营的进出口商品所做的一种业务计划安排。它可使企业交易有计划、有目的地顺利进行，是企业同客户洽商交易的依据。进出口商品经营方案内容一般包括：

（1）商品和货源情况。包括商品的特点、品质、规格、包装，国内生产数量、可供出口数量、当前库存及国内需要量等。

（2）国外市场情况。包括国外商品生产、消费、贸易情况，主要进出口国家的交易情况，今后发展变化的趋势，国外主要市场经营该商品的基本做法、销售渠道等。

（3）经营历史情况。包括进出口商品在国际市场上所占的地位，主要进出口地区及销售情况，国内外客户的具体反映，经营该商品的经验、教训等。

（4）经营计划安排。主要包括进出口商品的数量、金额，对某国或某地区出口或进口的数量、进度等。

（5）营销策略。包括客户的利用措施、采取的贸易方式、价格的掌握、收汇方法、进出口销售的原则策略等。

进出口企业一般只在经营大宗或重点进出口商品时才逐个制定商品进出口方案；对其他商品可只按商品大类制定；对中小商品可制定内容简单的价格方案，仅对市场和价格提出分析意见，规定各个地区的进出口价格以及掌握制定进出口价格的原则和幅度。

应当说完成进出口商品经营方案的制定只是做好进出口贸易的第一步，要把它变成现实还要经过许多努力。在执行方案的过程中，应经常检查方案的执行情况，定期总结经验，及时修订方案中不再适用的内容。

二、任务实施：建立业务关系

寻找合适的交易对象，与之建立长期友好业务关系，是企业开展国际贸易至关重要的步骤。

1. 寻找客户

国际贸易中，企业寻找客户关系的渠道方法很多，归纳起来大体有以下三种类型：

（1）他人介绍：企业通过委托我方驻外使领馆的商务参赞、代办处或国外驻华使领馆的商务参赞、代办处，国内外各种商会、银行及与我方有业务关系的企业介绍寻找客户。

（2）媒体寻找：企业利用各国商会、工商团体、国内外出版的企业名录及国内外报纸、杂志上的广告以及计算机数据库中提供的客户信息、资料查找客户。

（3）主动出击：通过在国内外参加或举办各种交易会、展览会的方式找到客户。

2. 建立业务关系

企业通过各种渠道找到国外客户后，须先对客户资信情况进行调查，然后选择客户，与之建立业务联系。选择客户时企业必须对客户的资金、信誉、经营商品的品种及地区范围、从业人员的人数、技术水平及拥有的业务设施、经营管理水平、提供售后服务和市场情报的能力等进行综合分析，选择经营作风好、有经营能力、对我方态度友好的客户作为基本客户并与之建立业务联系。

国际贸易中，买卖双方业务关系的建立，往往是由交易一方通过主动向对方写信、发传真或电子邮件的形式进行。建立业务关系的函件一般包括下列内容：

（1）信息来源，即如何取得对方的资料，如通过他人介绍、网上信息等。如：

We Learned from the Commercial Counselor's Office in your country that you are interested in Chinese handcraft.

（我们从贵国的商务参赞处得知你们对中国手工艺品感兴趣。）

We have obtained your name and address from the internet.

（我们从网上得到了你的名字和地址。）

（2）言明去函目的。扩大交易或地区、建立长期业务关系等。如：

In order to expand our products into South America, we are writing to you to seek possibilities of cooperation.

（为了把我们的产品扩大到南美，我们写信给你寻求合作的可能性。）

We are writing to you to establish long-term trade relations with you.

（我们写信给你方是想与你方建立长期的贸易关系。）

（3）本公司情况。包括公司性质、业务范围、宗旨、公司经营优势等。如：

We are a leading company with many years' experience.

（我们是一家拥有多年经验的领先公司。）

We enjoy a good reputation internationally in the circle of textile.

（我们在纺织行业享有良好的国际声誉。）

（4）产品介绍。分两种情况，一是已明确对方需求，此时宜选取某类特定产品，进行具体的推荐；二是尚不明确对方需求，此时宜对企业产品整体情况（质量标准、价格、销路等）做笼统介绍（可能的情况下，附上商品目录、报价单或另寄样品供对方参考）。如：

Art. No.76 is our newly launched one with superb quality, fashionable design, and competitive price.

（产品 76 号是我们新推出的产品，质量好，款式新颖，价格有竞争力。）

To give you a rough/general idea of our products, we are airmailing you under separate cover our catalogue for your reference.

（为了使你方对我们的产品有一个大致的了解，我们另封航邮寄上我们的目录供你方参考。）

（5）激励性结尾。即希望对方给予回应或采取行动。如：

Your comments on our products or any information on your market demand will be really appreciated. we are looking forward to your specific inquiries.

（如果您对我们的产品有任何意见或有关于您的市场需求的任何信息，我们将不胜感激。我们期待您的具体询问。）

EX：Establishment of Business Relations（范例：建立业务关系）

Training Requirements（实训要求）：Write a letter of establishing business relations with the firm. Be sure to include the following particulars：（写一封与公司建立业务关系的信函。请务必包括以下细节：）

1. extending gratitude to the introducer；（对介绍人表示感谢；）
2. stating who you are；（说出你是谁；）
3. expressing your desire of building up relations；（表达建立关系的愿望；）
4. offering details about your firm.（提供贵公司的详细信息。）

××先生向××商社撰写建立贸易业务信函

发件人：Joint shipping@sohu.com

收件人：F.L SMIDTH<ABC119@hotmail.com>

主题：Having a start　　　　2007-3-5　09:00

Dear Sir,（亲爱的先生）

We are glad to know from Alibaba that you are interested in 100% cotton color weave T-shirt. So we would like to take this opportunity to see if there's any possibility to do business with you.（我们很高兴从阿里巴巴得知您对 100%纯棉彩织 T 恤感兴趣。所以我们想借此机会看看是否有可能和你做生意。）

Since there are more than 100 items for your choice, we would like to attach four pictures of our newest products ：TM111,TM222,TM333,TM444 for your reference.（由于有 100 多种商品供您选择，我们想附上我们最新产品的四张图片：TM111、TM222、TM333、TM444 供您参考。）

Thank you very much for your kind attention to the above and look forward to your inquiries.（非常感谢您对以上内容的关注，期待您的垂询。）

Yours truly,（真诚的，）

Joint shipping TRADING CORP.

（联合海运进出口贸易公司）

Joint shipping Mar.5, 2007

（联合海运 2007 年 3 月 5 日）

三、知识链接

现金折扣 cash discount
进口许可证制 import licence system
商业汇票 commercial draft
托收 collection
仓至仓条款 warehouse to warehouse clause
商业发票 commercial invoice
销售确认书 sales confirmation
远期汇票 time draft
清洁提单 clean B/L
保险凭证 insurance certificate

四、拓展提升：外贸业务流程

一项外贸业务的完整流程可以概括为以下步骤：客户询盘→跟工厂确认价格→跟船公司确认码头费及海运费→向客户报价→得到订单→业务审批→向客户传真销售合同→向工厂传真采购合同→收到汇签合同→向船公司传真海运委托合同→验货→制报关单据→货物装船→制议附单据→业务登记→文件存档。

详细要求如下所示，其中（5）及之后步骤由公司操作部完成，业务员进行监督：

（1）客户询盘：一般在客户下 Purchase Order 之前，都会有相关的 Order Inquiry 给业务部，做一些细节上的了解。

（2）报价：业务部及时联系相关工厂，确定货物品名、型号、生产厂家、数量、交货期、付款方式、包装规格及柜型等，同时跟船公司确认码头费用、海运费等其他全部 RMB + USD 费用，然后加上公司的利润要求向客户做出正式报价。

（3）得到订单：经过洽谈，收到客户正式的订单 Purchase Order。

（4）业务审批：业务部收到订单后，首先做出业务审核表。按“出口合同审核表”的项目如实填写，尽可能将各种预计费用都列明。合同审批需附上客人订单传真件，与工厂的书面价格确认。审核表要由业务员签名，部门经理审批，再交财务部人员审核，经总经理签字后才能执行。如金额较大的，或有预付款和佣金等条款的，要经过公司总经理特殊审批。合同审批之后，制成销售订单，交给部门跟单员跟进。

（5）下达生产通知：业务部在确定交货期后，满足下列情况可下达生产通知，通知工厂按时生产：

① 如果是 L/C 付款的客户，通常是在交货期前 20 天确认 L/C 已经收到，收到 L/C 后应业务员和单证员分别审查信用证，检查是否存在错误、交货期能否保障及其他可能的问题，如有问题应立即请客人改证。

② 如果是 T/T 付款的客户，要确认定金已经到账。

③ 如果是放账客户，或通过银行 D/A 等方式收汇等，需业务经理审批。

（6）验货。

① 在交货期前一周，要通知公司验货员验货。

② 如果客人要自己或指定验货人员来验货的，要在交货期一周前，约客户查货并将查货日期告知计划部。

③ 如果客人指定由第三方验货公司或公正行等验货的，要在交货期两周前与验货公司联系，预约验货时间，确保在交货期前安排好时间。确定后将验货时间通知工厂。

（7）制备基本文件，包括工厂提供的装箱资料、出口合同、出口商业发票、装箱单等文件（由业务跟单员制作）。

（8）商检：如果是国家法定商检产品，在向工厂下订单时要说明商检要求，并提供出口合同、发票等商检所需资料。而且要告知工厂将来产品的出口口岸，便于工厂办理商检。应在发货一周之前拿到商检换证凭单/条。

（9）租船订仓。

① 如果跟客人签订的合同是 FOB CHINA 条款，通常客人会指定运输代理公司或船公司。此时应尽早与货代联系，告知发货意向，了解将要安排的出口口岸、船期等情况，确认工厂的交货能否早于开船期至少一周以前，以及船期能否达到客人要求的交货期。应在交货期两周之前向货运公司发出书面定舱通知（ING ORDER），通常在开船一周前可拿到定舱纸。

② 如果是由卖方支付运费，应尽早向货运公司或船公司咨询船期、运价、船口岸等。经比较，选择价格优惠、信誉好、船期合适的船公司，并告诉业务员通告给客人。如客人不同意时要另选客人认可的船公司。开船前两周书面定仓，程序同上。

③ 如果货物不够一个小柜，需走散货时，向货代公司定散货仓位。拿到入仓纸时，还要了解截关时间、入仓报关要求等内容。

④ 向运输公司定舱时，一定要传真书面定舱纸，注明所定船期、柜型及数量、目的港等内容，以避免差错。

（10）安排拖柜（如由工厂送货到码头仓库的，本环节省略）。

① 货物做好并验货通过后，委托拖车公司提柜、装柜。拖车公司应选择安全可靠、价格合理的公司签订协议长期合作，以确保安全及准时。要给拖车公司传真以下资料：定仓确认书/放柜纸、船公司、定仓号、拖柜委托书，注明装柜时间、柜型及数量、装柜地址、报关行及装船口岸等。如果有验货公司看装柜，要专门声明，不能晚到，并要求回传一份上柜资料，列明柜号、车牌号、司机及联系电话等

② 传真一份装车资料给工厂，列明上柜时间、柜型、订仓号、订单号、车牌号以及司机联系电话。

③ 要求工厂在货柜离开工厂后尽快传真一份装货通知给业务部，列明货柜离厂时间、实际装货数量等，并记装箱号码和封条号码作为提单的资料。要求工厂装柜后一定要记住上封条。

（11）委托报关：在拖柜同时将报关所需资料交给合作报关行，委托出口报关及做商检通关换单。通常要给报关留出两天时间（船截关前）。委托报关时，应提供一份装柜资料，内容包括所装货物及数量、口岸、船公司、定仓号、柜号、船开截关时间、拖车公司，柜型及数量、本公司的联系人和电话等。

（12）获得运输文件。

① 最迟在开船后两天内，要将提单补料内容传真给船运公司或货运代理。补料要按照 L/C 或客人的要求来做，并给出正确的货物数量以及一些特殊要求，包括要求船公司随同提单出的船证明等。

② 督促船公司尽快出提单样板及运费账单。仔细核对样本无误后，向船公司书面确认提单内容。如果提单需客人确认的，要先传真提单样板给客人，得到确认后再要求船公司出正本。

（13）准备其他文件。

① 商业发票：L/C 要求提供的文件中，对商业发票要求最严格。发票的日期要确定在开证日之后，交货期之前。发票中的货物描述要与 L/C 上的完全相同，小写和大写金额都要正确无误。L/C 上对发票的条款应显示出来，要显示唛头。如果发票需办理对方大使馆认证，一般要提前 20 天办理。

② FORM A 原产地证书：FORM A 原产地证要在发货之前到检验检疫局申办。需注意的是运输日期要在 L/C 的交货期和开船日之前，在发票日期之后。未能在发货之前办理的，要办理后发证书，需提供报关单，提单等文件。经香港转运的货物，FORM A 证书通常要到香港的中国商检公司办理加签，证明未在港对货物进行再加工（一般欧洲客户要求办理此类证书）。

③ 一般原产地证：一般原产地证可在中国贸易促进会办理，要求低一些。可在发货之后不太长的时间内补办。如果原产地证书要办理大使馆加签，也和发票一样要提前 20 天办理。

④ 装运通知：一般是要求在开船后几天之内，要通知客人发货的细节，包括船名、航班次、开船日、预计抵港日、货物及数量、金额、包装件数、唛头、目的港代理人等。有时 L/C 要求提供发送证明，如传真报告书、发函底单等，注意按客人要求的时间内办理。

⑤ 装箱单：装箱单应清楚地表明货物装箱情况。要显示每箱内装的数量、每箱的毛重与净重以及外箱尺寸。按外箱尺寸计算出来的总体积要与标明的总体积相符。要显示唛头和箱号，以便于客人查找。装箱单的重量，体积要于提单相符。

（14）交单。

① 采用 L/C 收汇的，应在规定的交单时间内，备齐全部单证，并严格审单，确保没有错误，才交银行议付。

② 采用 T/T 收汇的，在取得提单后马上传真提单给客人付款，确认收到余款后再将提单正本及其他文件寄给客人。

③ 如果 T/T 收汇的，要求收全款才能做柜的，要等收款后再安排拖柜。拿到提单后可立即寄正本提单给客人。

项目二　交易磋商与签订合同

（贸易术语的选择、价格核算、函电往来）

任务一　贸易术语的选择及成本核算

一、知识准备

外贸进出口业务，常用FOB、CFR、CIF三种贸易术语报价成交。掌握好这三种贸易术语的价格核算对于买卖双方都有非常重要的意义。

以下是我国常用的FOB、CFR、CIF三种贸易术语的价格构成及有关计算公式。

1. 三种贸易术语的价格构成

FOB＝购货成本＋国内费用＋预期利润

CFR＝购货成本＋国内费用＋出口运费＋预期利润

CIF＝购货成本＋国内费用＋出口运费＋出口保险费＋预期利润

2. 出口收购成本核算

出口收购（购货）成本＝实际成本×（1＋增值税率）/（1＋增值税率－出口退税率）

出口收购（购货）实际成本＝购货成本/（1＋增值税率－出口退税率）×（1＋增值税率）

3. 国内费用核算

出口国内费用＝包装费＋仓储费＋国内运费＋认证费（许可证、产地证等）＋港杂费＋商检费＋捐税（关税、增值税等）＋垫款利息＋业务费（交际费、交通费、通信费等）

4. 出口运费核算

出口班轮（散货）运费＝（基本运费＋附加运费）×计费数量

＝基本运费×（1＋各种附加运费率）×计费数量

出口集装箱（整箱）运费＝包箱费率（每个集装箱运费）×集装箱数量

5. 出口保险费核算

出口保险费＝CIF×[1＋投保加成(10%)]×保险费率

6. 预期利润

预期利润＝出口价格×利润率

7. 佣　金

佣金＝含佣价×佣金率

8. 集装箱数量

集装箱数量＝集装箱载重/货物重量或集装箱容积/货物体积（选其中数值较高者）

二、任务实施

【例 1】某公司向西欧推销装箱货，原报价每箱$50FOB 上海，现客户要求改报 CRFC3 汉堡，问在不减少收汇的条件下，应报多少？（该商品每箱毛重 40 公斤，体积 0.005 立方米，在运费表中的计算标准为 W/M，每运费吨基本运费率为$200，另外收燃油附加费 10%。）

解一：CFRC3 = CFR/1 − 3% = (FOB + F)/(1 − 3%) = (50 + F)/(1 − 3%)

运价：基本费率 USD200

燃油附加费 200 × 10% = USD20

合计：USD220

因为是按照 W/M 计算，而 40 千克 = 0.04 吨>0.005 立方米

所以应该按照 W 来计算，也就是取 0.04

F = 220 × 0.04 = USD8.8

综上所述：CFRC3 = (50 + 8.8)/(1 − 3%）= USD60.62

所以报 CFRC3 为$60.62

解二：CFRC3 = CFR/(1 − 3%) = (FOB + 运费）/（1 − 3%）

每吨运费 = 200 ×（1 + 10%）= 220

按照 W/M 计算，40 千克 = 0.04 吨

每箱运费 = 220 × 0.04 = 8.8

CFRC3 = (50 + 8.8)/(1 − 3%) = 60.62

报 CFRC3 价为 USD60.62。

【例 2】某公司向香港客户报水果罐头 200 箱，每箱 132.6 港元 CIF 香港，客户要求改报 CFR 香港含 5%佣金价，假定保险费 CIF 价的 2%，试求：

1. CFR 香港 5%应报多少？

2. 出口 200 箱应付多少佣金？

3. 出口 200 箱可收回多少外汇？

解：1. 先计算 CIF 价，200 × 132.6 = 26520 港元

2. 计算 CFR 价，$26520 \times (1 - 0.02) = 25989.6$ 港元

3. 计算 CFRC5 价，$25989.6 \times (1 - 0.05) = 27357.5$ 港元

出口 200 箱应付佣金 $27357.5 - 25989.6 = 1367.9$ 港元

出口 200 箱可收 25989.6 港元。

【例 3】我某公司出口货物一批，纸箱包装，原报价为每箱 50 美元 FOB 上海，现客户要求改 CIF3 汉堡价，按发票金额的 110%投保一切险和战争险，在不改变我公司净收入的情况下应报价多少？（已知该批货物每箱体积为 0.05 立方米，每箱毛重为 40 千克，班轮运费的计算标准 W/M。每运费吨基本费率为 200 美元，同时船公司加收燃油附加费 10%，查保险公司费率表，一切险和战争险保险费率分别为 0.8%和 0.4%。）

解：每箱的基本运费 $= 0.05 \times (200 + 200 \times 10\%) = 11$ 美元

每箱保险费用 $= 50 \times 110\% \times (0.8\% + 0.4\%) = 0.66$ 美元

CIF 报价 = FOB + 保险（INSURANCE） + 基本运费（FREIGHT）

$= 50 + 0.66 + 11$

$= 61.66$

我方的报价应为 61.66 美元 CIF 汉堡。

【例 4】合同规定由我方供应某商品 60000 打，每打 CIF 西欧某港价为 1.8 美元，自装运港至目的港的运费总计 5000 美元，投保金额为发票金额的 110%，保险险别为水渍险和战争险。该商品至该港口的水渍险费率为 0 .3%，战争险费率为 0 .4%，问我方净收入多少美元？

解：合同总金额（发票金额）应为 $1.8 \times 6000 = 108000$（美元）

应付保险费按投保金额×保险费率计，为 $10800 \times 110\% \times (0.3\% + 0.4\%) = 831.60$（美元）

FOB 价为：$10800 - 5000 - 831.6 = 102168.40$（美元）

三、知识链接

Match：

A. INCOTERMS	(　　)	1. 货交承运人
B. FOB	(　　)	2. 信用证
C. FCA	(　　)	3. 欧洲主要口岸
D. T/T	(　　)	4. 海运提单
E. D/P	(　　)	5. 装运港船上交货
F. L/C	(　　)	6. 协会货物条款
G. EMP	(　　)	7. 国际贸易术语解释通则
H. FPA	(　　)	8. 平安险
I. B/L	(　　)	9. 付款交单
J. ICC	(　　)	10. 电汇

四、拓展提升

根据以下业务背景资料，出口报价核算。

福建新隆进出口有限公司（Fujian Xinlong I/E Co., Ltd.）是一家流通型外贸企业。2008 年 4 月 8 日，该公司外贸业务员赵萍收到来自加拿大客户 LK Footwear Inc.的电子邮件，内容如下：

Dear Miss Zhao,

We are interested in your Pac Boots Style No.NM1048, which is displayed at the last Canton Fair. Please quote us the price on FOB Xiamen, CFR Vancouver, Canada seperately and payment by T/T against the fax of B/L.

Looking forward to your early reply.

Best regards,

Anne

赵萍立即通知雪地靴的供应商福州红景制鞋厂报价，次日收到其报价如下：雪地靴，最低起订量 1200 双，RMB¥93.6 元/双（含税价），增值税税率为 17%，每双装 1 个纸盒，每 6 盒装一个标准出口纸箱，纸箱尺寸为 70 厘米 × 45 厘米 × 40 厘米，每箱毛重为 12 千克，净重为 10 千克，1200 双装 1 × 20'FCL，月生产能力为 5000 双，交货时全额付款，工厂交货。

经查询，该雪地靴的 H.S.编码为 6403120090，监管证件代码为 B，出口退税税率为 11%；若 4 月 9 日的美元牌价按 USD1 = RMB¥6.988/7.016 计，为了防范美元贬值的汇率风险，公司规定，每 1 美元每月扣减 6 分人民币，这笔业务预期的收款时间约 3 个月；国内运费为 RMB¥2400/20'FCL，其他所有国内费用为采购成本的 3%；厦门至温哥华的海运费为 USD1560/20'FCL；预期成本利润率为 10%。请核算每双雪地靴的出口报价（计算过程中的数值要保留到小数点后 3 位，最后结果保留到小数点后 2 位）。

任务二　交易磋商

进出口商在做好进出口交易前的各项准备、与客户建立业务关系之后，便可以着手与贸易对手（客户）进行交易磋商。

所谓交易磋商，是指交易双方当事人就贸易合同的各项条件进行协商，以期达成一致意见的过程。它是签订合同不可缺少的前期基础性工作，而签订合同则是交易磋商的主要目的和圆满结果。

一、知识准备：交易磋商

国际贸易中，交易磋商是买卖双方为达成进出口交易合同就买卖商品的条件进行的磋商。交易磋商直接关系将来买卖双方的权利、义务和经济利益，是买卖合同签订的基础和做好交易的关键。为此要求磋商谈判人员不仅要有认真负责的工作态度，要熟练掌握国际贸易合同条款内容、制定方法，而且还要熟练掌握交易磋商谈判的策略技巧，熟练掌握国际贸易方面的法规、政策和惯例。

（一）交易磋商的形式

交易磋商在形式上可分为口头和书面两种。

1. 口头磋商

口头磋商主要指在谈判桌上面对面的谈判，如参加各种交易会、洽谈会，以及贸易小组出访、邀请客户来华洽谈交易等。此外，还包括双方通过国际长途电话进行的交易磋商。口头磋商方式由于是面对面的直接交流，便于了解对方的诚意和态度以采取相应的对策，并根据进展情况及时调整策略，达到预期的目的。口头磋商比较适合谈判内容复杂、涉及问题较多的业务，如大型成套设备交易谈判。

2. 书面磋商

书面磋商是指通过信件、电报、电传等通信方式来洽谈交易。随着现代通信技术的发展，书面洽谈越来越简便易行，成本费用低廉。国际贸易中，买卖双方通常采用书面方式磋商交易。

采用书面方式磋商时，写作往来函件一般需注意遵循以下三个原则：

（1）简明。商务函电讲究实效，无须过多客套或拐弯抹角的内容，而应以简单明了的语言直接说明要点。

（2）清晰。商务函电的目的是为了达成合同（交易），函件内容必须清晰、正确。

（3）礼貌。磋商的目的是与客户建立长远的业务联系，采用正式而礼貌的用语是必要的，尤其是在向对方索赔或申诉时。如何掌握好分寸，使磋商既能着眼今后的业务合作，又能达到目的，是一门很大的学问。

（二）交易磋商的内容

交易磋商的内容涉及拟签订的买卖合同的各项条款，包括品名、品质、数量、包装、价格、装运、支付、保险以及商品检验、索赔、仲裁和不可抗力等，其中以前七项为主要内容或主要交易条件。买卖双方欲达成交易、订立合同，必须至少就这七项交易条件进行磋商并取得一致意见（特殊情况下例外）。至于其他交易条件，特别是检验、索赔、仲裁和不可抗力，它们虽非成立合同不可缺少的内容，但是为了提高合同质量，防止和减少争议的发生以及便于解决可能发生的争议，买卖双方在交易磋商时也不容忽视。

二、任务实施：交易磋商的程序

交易磋商的程序一般分为询盘、发盘、还盘、接受四个环节。其中，发盘和接受是达成交易的基本环节，是合同成立的要件。国际贸易中，买卖双方无论采取口头还是书面方式磋商，均需通过发盘和接受达成交易。

（一）询盘（Enquiry）

1. 询盘的概念

询盘指交易的一方有意购买或出售某一种商品，向对方询问买卖该商品的有关交易条件。实践上看，询盘的内容可以是只询问价格，也可询问其他一项或几项交易条件。询盘可由买方发出，也可由卖方发出，可采用口头方式，亦可采用书面方式。

2. 询盘策略

询盘对询盘人和被询盘人均无法律约束力。国际贸易中，询盘常被交易一方用来试探对方对交易的诚意或试探国际市场价格。作为被询盘的一方，在收到对方的询盘后，必须认真对其进行分析，针对不同的询盘目的或背景，做出不同的处理和答复。

3. 注意问题

询盘不是交易磋商的必经步骤，但往往是一笔交易的起点。询盘中，当事人一般需注意以下问题：

（1）询盘不一定要有“询盘”（Enquiry）字样，凡含有询问、探询交易条件或价格方面的意思表示均可做询盘处理。

（2）业务中询盘虽无法律约束力，但当事人仍须考虑询盘的必要，尽量避免只是询价而不购买或不售货，以免失掉信誉。

（3）询价时，询价人不应只考虑如何询问商品的价格，也应注意询问其他交易条件，争取获得比较全面的交易信息或条件。

（4）要尊重对方，针对对方询价，无论是否出售或购买均应及时处理与答复。

（5）询盘可以同时向一个或几个交易对象发出，但不应在同时期集中做出，以免暴露我方销售或购买意图。

EX：Inquiries and Replies（范例：询问和答复）

Training Situation（实训情景）：Your company is very interested in buying 100% cotton color weave T-shirt, TM111, TM222, TM333 and TM444 manufactured by Joint shipping TRADING CORP..（贵公司对购买 Joint shipping TRADING 公司生产的 100%

全棉彩织 T 恤、TM111、TM222、TM333、TM444 非常感兴趣。）

Training Requirements（实训要求）：You are going to the Sales Department of the factory, write an e-mail, including：（你将去工厂的销售部门，请写一封邮件询盘，包括如下信息：）

–express your interest in the products；（表达你对产品的兴趣；）

–the catalogue and pricelist of the goods；（货物的目录和价目单；）

–promise to place large orders if the goods proves to your entire satisfaction.（如果货物令你完全满意，你可以下大订单。）

史密斯公司询盘： 发件人：F.L SMIDTH< SMIDTH 119@hotmail.com> 收件人：Joint shipping @sohu.com 主题：Enquiry　　　　2007-3-15　14:05

（二）发盘（Offer）

1. 发盘的概念

发盘也称发价，法律上称为要约，是一方当事人（发盘人）向另一方当事人（受盘人）提出各项交易条件并且愿意按这些条件与受盘人达成交易、订立合同的意思表示。实际业务中，发盘通常由交易一方在收到另一方的询盘后提出，也可在没有对方询盘情况下直接主动提出。发盘可以由买方提出，也可以由卖方提出，可以是书面的，也可是口头的。

按照法律规定，一项发盘必须具备以下条件：

（1）发盘应向一个或一个以上特定的人提出。

（2）发盘内容必须十分确定。

（3）发盘人须有一旦发盘被接受即受约束的意思。

2. 发盘撰写

发盘因撰写情况或背景不同，在内容、要求上也有所不同。但从总的情况看，其结构一般包括下列内容：

（1）感谢对方来函，明确答复对方来函询问事项。如：Thank you for your inquiry for...（感谢您对……的询价。）

（2）阐明交易的条件（品名、规格、数量、包装、价格、装运、支付、保险等）。如：For the butterfly brand sewing machine, the best price is USD79.00 per set FOB Tianjin.（蝴蝶牌缝纫机，最好的价格是 79.00 美元，每台 FOB 天津。）

（3）声明发盘有效期或约束条件。如：In reply we would like to offer, subject to your reply reaching us before...

（兹回复我方发盘，以你方答复在……日前到达我方为有效。）

（4）鼓励对方订货。如：We hope that you place a trial order with us.

（我们希望你们能向我们试订一批货。）

3. 注意问题

（1）发盘约束力。发盘具有法律约束力。发盘人发出发盘后不能随意反悔，一旦受盘人接受发盘，发盘人就必须按发盘条件与对方达成交易并履行合同（发盘）义务。因此，同询盘相比，发盘更容易得到受发盘人的重视，有利于双方迅速达成交易。但它也因此缺乏必要的灵活性。发盘时如果市场情况估计有误，发盘内容不当，发盘人就会陷入被动。因此发盘人在做出发盘前必须弄清市场情况。如果发盘，必须对发盘价格、条件进行认真的核算、分析，确保发盘内容的准确，以免陷于被动。

（2）发盘生效时间。《联合国国际货物销售合同公约》（以下简称《公约》）规定发盘在“到达受盘人时生效”。《公约》的这一规定，对发盘人来讲具有非常重要的意义。这种意义主要表现在发盘的撤回和撤销上。

① 发盘的撤回。发盘的撤回是指发盘人在发出发盘之后，在其尚未到达受盘人之前，即在发盘尚未生效之前，将发盘收回，使其不发生效力。由于发盘没有生效，因此发盘原则上可以撤回。对此公约规定：“一项发盘，即使一项不可撤销的发盘都可以撤回，只要撤回的通知在发盘到达受盘人之前或与其同时到达受盘人。”业务中如果我发现发出的发盘有误即可按《公约》的精神采取措施以更快的通信联络方式将发盘撤回（只要发盘尚未到达受盘人）。如以信函方式所做发盘，在信函到达之前，即可用电报或传真方式将其撤回。

② 发盘的撤销。发盘的撤销指发盘人在其发盘已经到达受盘人之后，即在发盘已经生效的情况下，将发盘取消，废除发盘的效力。在发盘撤销这个问题上，英美法国家和大陆法国家存在着原则上的分歧。《公约》为协调解决两大法系在这一问题上的矛盾，一方面规定发盘可以撤销，一方面对撤销发盘进行了限制。《公约》第 16 条第 1 款规定：“在合同成立之前，发盘可以撤销，但撤销通知必须于受盘人做出接受

之前送达受盘人”；而《公约》第 16 条第 2 款则规定：“下列两种情况下，发盘一旦生效，即不得撤销：

第一，发盘中已经载明了接受的期限，或以其他方式表示它是不可撤销的。

第二，受盘人有理由信赖该发盘是不可撤销的，并已经本着对该项发盘的信赖行事。”

《公约》的这些规定主要是为了维护受盘人的利益、保障交易的安全。我国是《公约》的缔约国，我国企业在同营业地处于其他缔约国的企业进行交易时，一般均适用《公约》。因此，我们必须对《公约》的上述规定予以特别的重视和了解。

（3）发盘有效期。发盘有效期是发盘人受其发盘约束的期限。国际贸易中，发盘有效期有两种表现形式：明确规定有效期限、采用合理期限。前者不但很少发生争议而且还可促进成交，使用较多，但不能撤销；后者容易产生争议，但在对方没有接受前可以撤销。采用何者，应视情况，不能一概而论。

明确规定有效期时，有效期的长短是一重要问题，有效期太短，对方无暇考虑，有效期长，发盘人承受风险也就大。适度把握有效期长短对交易双方都很重要。当事人必须根据货物、市场情况、双方距离以及通讯方式合理确定。一般说来，发盘有效期以 3 ~ 5 天和明确有效期的起止日期和到期时间最为适宜。如：

① Reply here 5/7 our time.（回复我们的时间 5/7。）

② Subject to your reply here 5th our time.（以你方 5 日答复为准。）

（4）发盘的终止。发盘终止指发盘失去效力。发盘终止有四种情况：

① 因受盘人拒绝而失效；

② 因发盘人撤销自己的发盘而失效；

③ 因规定的接受期限已满而失效；

④ 因“合理期限”已过而失效。

交易中，不论哪种原因导致发盘终止，此后发盘人均不再受其发盘的约束。

EX：Making Quotations and Offers（范例：提供报价和发盘）

Training Situation（实训情景）：Joint shipping TRADING CORP. has received inquiry from F.L SMIDTH&CO.A/S. In compliance with the buyer's request, Joint shipping Import & Export Corporation is making an offer.（联合海运进出口贸易公司已经收到史密斯公司的询盘。根据买方的要求，联合海运进出口贸易公司正在报价。）

Training Requirements（实训要求）：Write a letter with the hints：① offer for 100% cotton color weave T-shirt TM111 USD 12.00/PC, TM222 USD 11.00/PC, TM333 USD 10.00/PC, TM444 USD 9.00/PC CIF OSAKA,（按下列要求写一封信：① 100%全棉彩织 T 恤的报价为 TM111 USD 12.00/PC, TM222 USD 11.00/PC, TM333 USD 10.00/PC, TM444 USD 9.00/PC CIF OSAKA） ② packing：20/CTN（S-5/CTN, M-10/CTN, L-10/CTN, XL-5/CTN）packed in plastic bag for each piece（various size）. ③ Payment by sight irrevocable L/C payable by draft at sight is required. ④ Catalogues and sample cuttings have been airmailed. ⑤ Shipment：not later than JUN.20, 2007. [② 包装：20/CTN（S-5/CTN，M-10/CTN，L-10/CTN，XL-5/CTN），每件用塑料袋包装（根据不同大小）。③ 我们要求用不可撤销的即期信用证，凭即期汇票付款。④ 目录和样品已航空邮寄。⑤ 装运：不迟于 2007 年 6 月 20 日。]

联合海运进出口贸易公司发盘

发件人：Joint shipping@sohu.com

收件人：F.L SMIDTH< SMIDTH 119@hotmail.com>

主题：offer　　2007-3-16　10:00

（三）还盘（Counter Offer）

1. 还盘的概念

还盘指受盘人在接到发盘后，不同意或不完全同意发盘人在发盘中提出的条件，为进一步磋商交易对发盘提出修改意见。还盘可以用口头方式也可用书面方式。

2. 还盘的法律意义

还盘是对发盘的一种拒绝，还盘一经做出，原发盘即失去效力，发盘人不再受其约束。一项还盘等于受盘人向原发盘人提出的一项新的发盘。做出还盘后，还盘的一方与原发盘人在地位上发生改变。还盘人由原来的受盘人变成新发盘的发盘人，而原发盘人则变成了新发盘的受盘人。新受盘人有权针对还盘内容进行考虑，可接受、拒绝或者再还盘。

贸易谈判中，一方在发盘中提出的条件与对方能够接受的条件不完全吻合的情况经常发生，特别是在大宗交易中，很少有一方一发盘即被对方无条件全部接受的情况。因此，虽然从法律上讲，还盘并非交易磋商的必经环节，但在实际业务中，还盘的情况还是很多。有时一项交易须经过多次还盘，才能实现。

3. 还盘注意的问题

（1）还盘可以明确使用“还盘”字样，也可不使用，只是在内容中表示对发盘的修改。

（2）还盘可以针对价格，也可以针对交易商品的品质、数量、装运、支付或者价格。

（3）还盘时，一般只针对原发价提出不同意见和需要修改的部分，已同意的内容在发价中可以省略。

（4）接到还盘后要与原发盘进行核对，找出还盘中提出的新内容，结合市场变化情况和我方销售意图认真对待和考虑。

4. 对买方还盘的答复

国际贸易中，最常见的还盘是买方对卖方发盘价格的还盘。遇到此种还盘时，卖方一般可按以下方法予以处理和答复：

（1）感谢来函但不能接受其还价。如：Thank you for your fax of June 5.We regret to say that we cannot accept your counter offer.（感谢您 6 月 5 日的传真。很遗憾，我们不能接受你方的还盘。）

（2）强调原价格的合理性并陈述理由。如：Although we are desirous of meeting your requirements, we regret being unable to comply with your request for price reduction. The price we quoted is accurately calculated. We have cut our profit to the minimum.（虽然我方很想满足贵方的要求，但遗憾的是我方不能满足贵方降价的要求。我们报的价格是经过精密计算的。我们已将利润减至最低。）

EX：Making Counter Offers and Declining Orders（范例：还盘和拒绝订单）

Training Situation（实训情景）：F.L SMIDTH&CO.A/S（the buyer）has received the quotation of Mar.16 2007 from the seller–Joint shipping TRADING CORP.. The buyer finds the price too high and is asking for a reduction on behalf of their customers. [F.L SMIDTH&CO.A/S（买方）已收到卖方 Joint shipping TRADING 公司 2007 年 3 月 16 日的报价。买主觉得价格太高，请代表他们的顾客要求降价。]

Training Requirements（实训要求）：

Write a letter with these hints：price is higher than those from other suppliers. Other conditions remain unchanged. Suggest a counteroffer as follows：

（用这些提示写一封信：价格高于其他供应商的价格。其他条件保持不变。建议还盘如表 2-1 所示：）

表 2-1　还盘信息

ART NO.（产品型号）	CIF OSAKA IN USD[CIF 大阪（美元）]	QUANTITY（数量）
TM111	USD11.00/PC	2000PCS
TM222	USD10.00/PC	2000PCS
TM333	USD9.50/PC	1000PCS
TM444	USD8.50/PC	1000PCS

史密斯公司还盘

发件人：F.L SMIDTH< SMIDTH 119@hotmail.com>

收件人：Joint shipping @sohu.com

主　题：Counter offer　　2007-3-20　15:00

（四）接受（Acceptance）

1. 接受的含义

接受在法律上称“承诺”，是买方和卖方同意对方在发盘中提出的各项交易条件，并愿按这些条件与对方达成交易、订立合同的一种肯定的表示。这种表示可以是做出声明，也可以是做出某种行为。

按法律和惯例，一方的发盘经另一方接受，交易即告达成，合同即告成立，双方就应分别履行其所承担的合同义务。一项有效的接受一般须具备以下条件：

（1）接受必须由受盘人做出。

（2）接受必须在发盘有效期内传达到发盘人处。

（3）接受的内容必须与发盘相符。

2. 有关法律与运用

（1）有条件的接受。原则上讲，接受应是无条件的，有条件的接受不能视为有效的接受，而是一项反要约。对有条件的接受《公约》做出以下规定：

《公约》19 条第 1 款：对发价表示接受时，如载有添加、限制或其他更改，应视为对发价的拒绝并构成反要约。

《公约》19 条第 2 款：对发价表示接受但载有添加或不同条件的答复，如所载的添加或不同条件在实质上并不变更该项发价的条件，则除发价人在不过分延迟的期间内以口头或书面方式提出异议外，仍可作为接受，合同仍可有效成立。

《公约》19 条第 3 款：凡在接受中对下列事项做了添加或变更，均认为在实质上变更了发价的条件：① 货物的价格；② 付款；③ 货物的质量与数量；④ 交货的时间与地点；⑤ 当事人的赔偿责任范围；⑥ 解决争议的方法。

根据《公约》的规定，发盘人在收到受盘人发来的有条件的接受后，须首先断定其添加或修改的性质。如果这种添加或修改是“实质性”的，则应将其按还盘处理，即使发盘人没有提出异议，合同也不成立；但如果这种添加或修改是“非实质性”的，如果发盘人不及时地提出反对，则对方的接受有效，双方合同成立。我们对此规定必须清醒地理解和把握。

（2）逾期接受。按照各国的法律，逾期接受不能认为是有效的接受，而只是一项新的发盘。《公约》也认为逾期的接受原则上无效。但为了有利于双方合同的成立，《公约》对逾期的接受也采取了一系列灵活的处理方法。《公约》第 21 条第 1 款规定，逾期的接受仍具有接受的效力，只要发盘人毫不迟延地以口头或书面形式将其认为该逾期的接受仍属有效的意思通知发盘人。《公约》第 21 条第 2 款规定，如果载有逾期接受的信件或其他书面文件表明，依照它寄发时的情况，只要邮递正常，其本来应能够及时送达发盘人（但事实却由于传递的延误而迟到），则此项逾期的接受应认为具有接受的效力，除非发盘人毫不迟延地用口头和书面形式通知受发盘人，表示他的发盘已因接受逾期而失效。

根据《公约》这一规定，发盘人收到受盘人送来的逾期接受时，应认真查明造成接受逾期的原因，然后根据造成接受逾期的不同原因，进行不同的处理。如果这种逾期是受盘人本人原因造成的，则这种逾期接受无效，不能导致合同成立；但如果这种逾期不是受盘人本人原因而是邮递原因造成的，则该逾期接受是否有效主要应看发盘人的态度，即看其是否及时向对方表明其发盘已经失效。如果发盘人向对方表明了这一点，则对方接受合同不成立；但如其没有向对方表明其发盘已经失效，则对方接受仍然有效，合同成立。对这一点，也应灵活运用与把握。

（3）接受的撤回。《公约》规定：“接受可以撤回，只要撤回的通知能于该项接受生效之前或与其同时到达发盘人。”根据《公约》这一规定，如果交易磋商的一方，在交易磋商中做出错误接受表示，他可以在该接受送达对方之前，采取措施阻止接受生效，即明确地向发盘人发出撤回通知且使该通知于接受生效之前或与其同时到达发盘人。

3. 接受应注意的问题

国际贸易中，表示接受的可以是买方，也可以是卖方。

如果是我方表示接受，一般应注意以下几个问题：

（1）接受时应慎重对洽商的函电或谈判记录进行认真核对，经核对认为对方提出的各项交易条件确已明确、肯定、无保留条件时，再予接受。

（2）接受可以简单表示，如“你10日电接受”，也可详细表示，即将洽商的主要交易条件再重述一下，表示接受。一般讲，对一般交易的接受，可采用简单形式表示，但接受电报、电传或信函中须注明对方来电、信函的日期或文号；对大宗交易或交易洽商过程比较复杂的，为慎重起见，在表示接受时，应采用详细叙述主要交易条件的形式。

（3）表示接受应在对方报价规定的有效期之内进行，并严格遵守有关时间的计算规定。

（4）表示接受前，详细分析对方报价，准确识别对方函件性质是发盘还是询盘。以免使自己陷入被动或失去成交的机会。

由国外客户表示接受时，应注意的问题：

（1）收到国外客户接受后，要认真分析客户接受的有效性，根据客户接受情况及我方经营意图，正确处理把握合同成立与不成立的法律技巧。

（2）注意贯彻“重合同、守信用”的原则，只要对方接受有效，即使后续情况有所变化，我们仍应同客户达成交易、订立合同，维护我方信誉。

EX：Acceptance and Orders（范例：受盘和订单）

Training Situation（实训情景）：F.L SMIDTH&CO.A/S（the buyer）has received a counter offer from the seller, and decided to accept the price. [F.L SMIDTH&CO.A/S（买方）已收到卖方的还盘，并决定接受这个价格。]

Training Requirements（实训要求）：

Write a letter with these hints：The buyer makes a great effort to persuade their customers to accept the price. Fortunately, the customers have changed their mind. Meanwhile the buyer asks for Sales Contract.（用这些提示来写一封信：买方尽力说服他们的顾客接受这个价格。幸运的是，顾客们改变了主意。同时，买方要求签订销售合同。）

联合海运进出口贸易公司发盘

发件人：Joint shipping@sohu.com

收件人：F.L SMIDTH< SMIDTH 119@hotmail.com>

主题：acceptance　　2007-3-22　10:30

三、知识链接

数量折扣　quantity discount	形式发票　proforma invoice
非关税壁垒　non-tariff barriers	销售合同　sales contract
跟单汇票　documentary bill	即期汇票　sight draft
不可撤销信用证　irrevocable L/C	已装船提单　on board B/L
溢短装条款　more or less clause	保险单　insurance policy

四、拓展提升

根据以下业务背景资料，完成相关要求。

福建新隆进出口有限公司（Fujian Xinlong I/E Co., Ltd.）是一家流通型外贸企业。2008 年 4 月 8 日，该公司外贸业务员赵萍收到来自加拿大客户 LK Footwear Inc.的电子邮件，内容如下：

Dear Miss Zhao,

We are interested in your Pac Boots Style No.NM1048, which is displayed at the last Canton Fair. Please quote us the price on FOB Xiamen, CFR Vancouver, Canada seperately and payment by T/T against the fax of B/L.

Looking forward to your early reply.

Best regards,

Anne

NM1048

赵萍立即通知雪地靴的供应商福州红景制鞋厂报价，次日收到其报价如下：雪地靴，最低起订量 1200 双，RMB¥93.6 元/双（含税价），增值税税率为 17%，每双装 1 个纸盒，每 6 盒装一个标准出口纸箱，纸箱尺寸为 70 厘米×45 厘米×40 厘米，每箱毛重为 12 千克，净重为 10 千克，1200 双装 1×20’FCL，月生产能力为 5000 双，交货时全额付款，工厂交货。

根据项目二任务一“拓展提升”中核算的出口报价和相关条件，用英文书写以下发盘函，要求在 2008 年 4 月 15 日前复到有效。装运期为签订合同后 60 天内。

Dear Anne,   Best wishes, Zhaoping

任务三　买卖合同的签订

一、知识准备

国际贸易中，当交易一方提出发盘，交易另一方做出有效接受之后，买卖双方之间即达成买卖合同关系。买卖双方在交易磋商过程中的往来函电即为双方买卖合同的书面证明。但为了明确，买卖双方一般还要在交易磋商的基础上，签订书面合同或成交确认书将双方的权利、义务及各项交易条件明文规定下来。

（一）国际货物买卖合同的形式

国际贸易中，买卖双方使用的货物买卖合同的形式及名称，没有特定限制。只要双方当事人同意，可采用正式的合同（Contract）、确认书（Confirmation），也可采用协议 （Agreement）、备忘录（Memorandum）等各种形式。我国对外贸易中，主要使用合同和确认书。

1. 合　同

买卖合同是交易中一种非常正式的货物买卖协议。它的内容比较全面、详细，除了包含交易的主要条件如品名、品质、数量、包装、价格、交货、支付外，还包含有保险、商品检验、索赔、不可抗力、仲裁等条件。交易中，由卖方根据磋商结果草拟的称“销售合同”（Sales Contract）；由买方根据协商条件拟订的称“购货合同”（Purchase Contract）。

2. 确认书

确认书是一种内容比较简单的贸易合同。它与前面所说的合同相比，仅包括买卖交易的主要条件，而不包括买卖交易的一般条件。其中，卖方出具的称“销售确认书”，买方出具的称“购货确认书”。

以上两种形式的合同，虽然在格式、条款项目和内容的繁简上有所不同，但在法律上具有同等效力。在我国对外贸易业务中，对大宗商品或成交金额比较大的交易，一般采用合同形式；对金额不大，批数较多的小土特产品和轻工业品一般采用确认书形式。货物买卖合同或确认书，一般由我方根据双方磋商的条件缮制正本一式两份，我方签字后寄交给对方，经对方查核签字后，留存一份，另一份寄还我方，双方各执一份，作为合同订立的证据和履行合同的依据。

（二）国际货物买卖合同的结构、内容

一份完整的国际货物买卖合同一般由三部分组成：

1. 约　首

约首即合同的首部，通常包括合同的名称、合同的编号、合同签订的日期和地点、订约双方当事人的名称和地址等。

2. 本　文

本文是合同的主体部分，一般以合同条款的形式具体列明交易的各项条件，规定双方的权利义务。本文部分一般包括下列合同条款：品名、数量、包装、价格、支付、运输、保险等。此外出口合同或确认书中通常还在一般交易条件或备注栏中列明有关预防及处理有关争议的条款。

3. 约　尾

约尾即合同的尾部，主要说明合同的份数、附件及其效力、使用的文字、合同生效的时间、合同适用的法律以及缔约双方当事人（法人代表或其授权人）的签字。

二、任务实施：国际货物买卖合同的签订

1. 国际货物买卖合同的制定

国际贸易中，买卖双方达成交易后，交易一方即要根据磋商情况填写制作货物买卖合同或确认书。填写制作货物买卖合同或确认书，当事人必须注意以下问题：

（1）合同的内容必须贯彻我国对外贸易的方针、政策，体现平等互利的原则。

（2）合同条款的内容必须和磋商达成的协议内容相一致。

（3）合同条款要具体、明确、完善。各条款之间应协调一致，防止互相矛盾。

（4）文字要简练、严密，避免使用含糊不清或模棱两可的词句。

2. 签约函

进出口业务中，买卖合同一般由我方制作。合同做好后，我方应及时将其寄给对方让其签署。寄合同时，我方一般要在合同外附上一封简短的书信——签约函。签约函的内容一般包括：

（1）对成交表示高兴，希望合同顺利进行。常用的表达方式如：

We are pleased to have concluded business with you in the captioned goods.

（我们很高兴能与你方就标题项下的货物达成交易。）

（2）告知对方合同已寄出，希望其予以会签。如：

We are sending you our sales confirmation No.765401 in duplicate. Please sign and return one copy for our file.

（现寄上我方第 765401 号销售确认书一式两份。请签字后寄回一份存档。）

（3）催促对方尽早开立信用证。如：

It is understood that a letter of credit in our favour covering the above-mentioned goods will be established promptly.

（据悉，我们将及时开出以我方为受益人的上述货物的信用证。）

三、知识链接

2007 年 7 月 10 日，湖南郴州天中对外贸易有限公司与美国大路贸易公司签订了出口一批机织湘绣产品合同，出口价格按当天汇率 USD1 = RMB¥7.5663 计，交货期为 2008 年 2 月 5 日前。到 2008 年 2 月 2 日为止，美元汇率大幅下跌，当天汇率 USD1 =

RMB¥7.1656，且原材料价格上涨 10%。若交货，则该公司这笔业务将会出现巨额亏损。恰逢从 2008 年 1 月 24 日开始，湖南郴州地区连降大雪，形成冻雨现象，造成供电线路全部中断，导致公司下属工厂停产，直到合同交货期满为止该工厂仍无法恢复生产。2 月 6 日，该公司将国内外报道的报纸及受灾图片发给美国大路贸易公司，以此不可抗力为由要求取消合同。美国大路贸易公司不同意取消该合同，要求延期至 4 月 5 日前交货。请问，湖南郴州天中对外贸易有限公司以不可抗力为由要求解除该合同合理吗？请说明原因。

四、拓展提升

根据项目二中任务二和以下业务背景资料，填制出口合同。

通过反复磋商，双方于 2008 年 4 月 22 日达成如下合同条款：

单价：USD15.50/双 CFR Vancouver, Canada。

数量：4800 双。

支付：买方在收到卖方银行开立 30%合同金额的预付款保函后，电汇支付 30%货款，凭提单传真件电汇支付 70%货款。

汇入行：中国银行福建省分行 SWIFT CODE: BKCHCNBJ720

收款人：福建新隆进出口有限公司

账 号：80020002700605302

装运：收到 30%预付款后的 90 天内装运，允许转运，允许分批装运。

请在以下标注序号的栏目内，用英文填写合同条款的相应内容，使其成为一份完整的出口合同。

SALES CONTRACT

NO：XL0798

DATE: APR. 22, 2008

THE SELLER: Fujian Xinlong I/E Co., Ltd.
No. 99 Yan'an Rd., Fuzhou
China

THE BUYER: LK Footwear Inc.
No. 876 Walk Rd., Vancouver
Canada

This Contract is made by and between the Buyer and Seller, whereby the Buyer agrees to buy and the Seller agrees to sell the under-mentioned commodity according to the terms and conditions stipulated below:

Commodity & Specification	Quantity	Unit Price	Amount
(1)	(2)	(3)	(4)
Total			
Total Contract Value: (5)			

PACKING: (6) ____

____

TIME OF SHIPMENT: (7) ______________________________________

PORT OF LOADING: (8) ______________________________________

PORT OF DESTINATION: (9) ___________________________________

Transshipment is (10) ____________ and partial shipment is (11) ____________.

INSURANCE: Covered by the buyer.

TERMS OF PAYMENT: (12) ____________________________________

____

____

BENEFICIARY BANK: Bank of China, Fujian Branch

SWIFT CODE: BKCHCNBJ720

NAME: Fujian Xinlong I/E Co., Ltd.

A/C NO: 80020002700605302

REMARKS:

This contract is made in two original copies and becomes valid after both parties' signature, one copy to be held by each party.

Signed by:

THE SELLER: **THE BUYER:**

项目三　信用证的开立与审核

任务一　催证、审证、改证

一、知识准备

我国外贸出口业务合同多按信用证支付方式成交。在履行信用证支付方式的出口合同中，出口商必须做好信用证的落实（催证）、审核（审证）及必要的修改（改证），以保合同的顺利履行及货款的及时收回。

1. 催　证

催证指卖方通知或催促国外买方按合同规定（一般为装运前 15 天）开出信用证。按合同规定及时开出信用证是买方在信用证支付方式合同中的一项主要义务，它是卖方在此种交易中顺利履行合同、安全及时收回货款的前提。实践中，买方往往因市场变化、资金短缺或其他原因不能在合同规定的时间内及时开出信用证。遇上述情况，卖方必须及时采取措施催促买方开证以便如期装运。

国际贸易中，卖方催促买方开立信用证的方法很多，如发信函、电报、电传、传真、电子邮件以及请银行或我方驻外机构协助代为催证。

2. 审　证

理论上讲，国外来证应与买卖合同相符。但在很多实际业务中,买方开来的信用证并非与合同完全相符。分析原因，无外乎有两种：工作疏忽或故意。无论哪种原因造成不符，都会给卖方履行合同、安全收汇造成隐患。对此，出口商必须提高警惕，注意做好对国外来证的审核。

审证是指对国外进口方通过银行开来的信用证内容进行全面审核，以确定是接受还是修改。审核的依据是货物买卖合同和《跟单信用证统一惯例》。

二、任务实施

审核信用证是银行（通知行）与出口企业的共同责任，只是各有侧重。业务中，银行重点审核开证行的政治背景、资信能力、付款责任、索汇路线及信用证的真伪等。出口企业则着重审查信用证的内容与买卖合同是否一致。具体包括以下三个方面：

（1）从政策上审核。主要看来证各项内容是否符合我方的方针政策以及是否有歧视性内容。有则须根据不同情况向开证行交涉。

（2）对开证行的审核。主要对开证行所在国家的政治经济状况、开证行的资信、经营作风等进行审查。对于资信欠佳的银行应酌情采取适当的保全措施。

（3）对信用证性质与开证行付款责任的审核。出口业务中，我方不接受带"可撤销"字样的信用证；对于不可撤销的信用证，如附有限制性条款或保留字句，使"不可撤销"名不符实，应要求对方修改。

以上三项主要是银行审证的重点，出口企业对此只需作复核性审核，企业审证重点主要应放在下述七项：

（1）对信用证金额与货币的审核。即审核信用证金额是否与合同金额一致，大、小写金额是否一致。如合同订有溢短装条款，信用证金额是否包括溢装部分金额；信用证使用的货币是否与合同规定的计价和支付货币一致。

（2）对有关货物条款的审核。主要是对商品的品质、规格、数量、包装等依次进行审核，如发现信用证内容与合同规定不一致，不应轻易接受，原则上要求改证。

（3）对信用证的装运期、有效期和到期地点的审核。信用证的装运期必须与合同的规定相同；信用证的有效期一般规定在装运期限后 7 ~ 15 天，以方便卖方制单。关于信用证的到期地点，通常要求规定在中国境内，对于在国外到期的信用证，一般不予接受，应要求修改。

（4）对开证申请人、受益人的审核。开证申请人的名称和地址应仔细审核，以防错发错运。受益人的名称和地址也须正确无误，以免影响收汇。

（5）对单据的审核。主要是对来证中要求提供的单据种类、份数及填制方法等进行审核，如发现有不正常规定或我方难以办到的应要求对方修改。

（6）对其他运输条款、保险、商检等条款的审核。即仔细审核信用证对分批装运、转船、保险险别、投保加成以及商检条款的规定是否与合同一致，如有不符，应要求对方修改。

（7）对特殊条款的审核。审证时，如发现超越合同规定的附加或特殊条款，一般不应轻易接受，如对我方无太大影响，也可酌情接受一部分。

EX：Letter of Credit（范例：审核信用证）

IRREVOCABLE DOCUMENTARY CREDIT

（不可撤销跟单信用证）

FORM OF DOC. CREDIT （文档的形式：信贷）	40A：IRREVOCABLE （40A：不可撤销）
DOC. CREDIT NUMBER （文件：信用证号码）	20：XT173
DATE AND PLACE OF EXPIRY （有效日期和地点）	31D：DATE 070620 AT BENEFICIARY'S COUNTRY （31D：日期 070620，在受益人所在国有效）
APPLICANT （申请人）	50：F.L SMIDTH&CO.A/S 6 KAWARA MACH OSAKA JAPAN
ISSUING BANK （开证行）	52A：FUJI BANK（富士银行） 66 SAKULA OTOLIKINGZA MACHI OSAKA JAPAN （日本大阪）
BENEFICIARY （受益人）	59：Joint shipping I/E TRADING CORPORATON （联合海运进出口贸易公司） 222 ZHONGSHAN ROAD SHANGHAI CHINA （中国上海中山路 222 号）
AMOUNT （数量）	32B：CURRENCY USD AMOUT 6 000.00 （货币美元 6000 元）
AVAILABLE WITH/BY （可用的）	41D：OSAKA NEW YORK BRANCH （大阪纽约分公司） BY NEGOTIATION（通过谈判）
DRAFTS AT （汇票付款期限）	42C：DRAFTS AT SIGHT FOR FULL INVOICE COST （按发票全额金额开具即期汇票）
DRAWEE （付款人）	42A：FUJI BANK（富士银行）
PARTIAL SHIPMENTS （分批装运）	43P：ALLOWED （允许）
TRANSSHIPMENT （转船）	43T：NOT ALLOWED （不允许）
LOADING ON BOARD （启运港）	44E：CHINESE MAIN PORT （中国主要口岸）
FOR TRANSPORTATION TO	44B：OSAKA PORT

（目的港）	（大阪港）
LATEST DATE OF SHIPMENT（最迟装运日期）	44C：070620
DESCRIPT OF GOODS（货物描述）	45A：T-SHIRT AS PER S/C NO.TXTX2642（T 恤参见 S/C NO.TXTX2642） CIF OSAKA（CIF 大阪）
DOCUMENTS REQUIRED（所需要的单据）	46A

+ SIGNED COMMERCIAL INVOICE, 2 ORIGINAL AND 4 COPIES.
（已签署的商业发票，正本 2 份，副本 4 份。）
+ PACKING LIST,1 ORIGINAL AND 4 COPIES.
（装箱单，正本 1 份，副本 4 份。）
+ CERTIFICATE OF ORIGIN GSP CHINA FORM A ,ISSUED BY THE CHAMBER OF COMMERCE OR OTHER AUTHORITY DULY ENTITLED FOR THIS PURPOSE
[由商会或其他相关机构签发的普惠制中国原产地证书（表格 A）]
+ FULL SET OF NEGOTIABLE INSURANCE POLICY OR CERTIFICATE BLANK ENDORSED FOR 120 PERCENT OF THE INVOICE VALUE COVERING ALL RISKS
（全套可转让的保险单或凭证，空白背书，按发票金额 120%投保综合险）
+ FULL SET OF B/L CLEAN ON BOARD, MADE OUT TO APPLICANT AND BLANK ENDORSED AND MARKED “FREIGHT PREPAID” AND NOTIFY APPLICANT
（全套已装船清洁提单，空白抬头，空白背书，注明“运费已付”，并通知开证人）
+ QUALITY INSPECTION TO BE EFFECTED BEFORE SHIPMENT AND THE RELATIVE CERTIFICATE IS REQUIRED FROM THE INPECTING AGENCY DESIGNATED BY THE BUYER
（装运前必须进行质量检验，并须有买方指定的检验机构的相关证明）

PERIOD FOR RPESENTATION（期限表示）	48：DOCUMENTS MUST BE PRESENTED WITHIN 15 DAYS AFTER THE DATE OF SHIPMENT BUT WITHIN THE VALIDITY OF THE CREDIT.（单据必须在装船后 15 天内但在信用证有效期内提交）
CHARGES（费用）	71B：ALL CHARGES AND COMMISSIONS ARE FOR ACCOUNT OF BENEFICIARY, INCLUPING REIMBERSING FEE（开证行费用包括偿付行费用由受益人承担）

审证语句范例：

（1）信用证中汇票的付款期限“AT SIGHT”错误，正确的是“AT 60 DAYS AFTER SIGHT”。

（2）信用证保险单据条款中投保金额比例“120 PERCENT OF THE INVOICE VALUE”错误，正确为“110% INVOICE VALUE”。

（3）信用证海运提单条款中提单抬头“TO APPLICANT”，对受益人非常不利，应该为“TO ORDER OF SHIPPER”。

（4）信用证交单期“WITHIN 5 DAYS AFTER THE DATE OF SHIPMENT”错误，根据合同，应该为“WITHIN 15 DAYS AFTER THE DATE OF SHIPMENT”。

（5）信用证费用条款“ALL CHARGES AND COMMISSIONS ARE FOR ACCOUNT OF BENEFICIARY，INCLUDING REIMBERSING FEE”不合理，因为开证行费用包括偿付行费用理应由开证申请人承担。

（6）信用证漏开了一个重要的外贸合同条款：“MORE OR LESS 5 PCT OF QUANTITY OF GOODS AND CREDIT AMOUNTS IS ALLOWED.”这对于受益人来讲非常不利，大大限制了操作的弹性。

（7）信用证中装运港为“CHINESE MAIN PORT”，与合同的“SUZHOU PORT, CHINA”不一致。

三、知识链接

假如浙江金苑进出口有限公司外贸业务员陈奇到 2006 年 11 月 25 日尚未收到太阳公司委托银行开出的信用证，可以给太阳公司发出类似以下的催证函。

Zheng jiang Jin yuan Import &Export Co. Ltd.

118 xueyuan street, hangzhou, P.R.China

Tel:0086-571-86739273　　　　Fax:0086-571-86739273

To: Sun Corporation

ATTN: Peter White

DT:Nov.25,2006

Dear Sirs,

Referring to the 5000 pieces of boys jacket style No.BJ123 under our Sales Contract No.JY06125, we wish to call your attention to the fact that the date of delivery is drawing near, but up till now, we have not received the covering Letter of Credit. Please do your utmost to expedite its establishment,so that we may execute the order within the prescribed time.

If we have your L/C before Dec.1,2006, we might deliver the goods as per the Sales Contract because we will manufacture the same goods for another new order since

Dec.25d,2006. In order to avoid subsequent amendment, please see to it that the L/C stipulations are in strict conformity with the terms of the contract.

Look forward to receiving your favorable reponse at an early date.

Yours truly,

Chen qi

四、拓展提升

Write an amendment to the L/C No.234 based on the following information（根据下列信息写出对第 234 号信用证的审核意见）:

（1）长吨改为公吨。

（2）目的港鹿特丹改为热那亚。

（3）总金额增加 50 美金。

（4）取消“银行费用由受益人负担”的条款。

（5）将船期和有效期分别延展至 10 月 25 日及 10 月 30 日。

任务二 改 证

一、知识准备

1. 改证的原则及注意的问题

改证是对已开立的信用证进行修改的行为。业务中，出口企业通过审证发现与合同不符而我方又不能接受的条款，应及时向开证申请人提出要求修改，并在收到改证通知确定无误后发货。对可改可不改的内容，则可酌情处理。如，合同允许分批装运，而来证不准分批，如果此时货已全部备妥，能一次出运，就无须改证。

在办理改证过程中，凡同一信用证上需要多处修改，应做到一次向国外客户提出，尽量避免因考虑不周而多次改证。对通知行转来的同一修改通知书，如修改内容有两处以上，出口企业只能全部接受或全部拒绝，不能只接受其中的一部分。

2. 信用证改证函

出口方审核信用证，发现有不符合买卖合同或不利于出口方安全收汇的条款，可及时联系进口方通过开证行对信用证进行修改。一封规范的改证函，通常包括以下几个方面的内容：

（1）感谢对方通过银行开来的信用证。

（2）列明证中不符合买卖合同的点、不能接受的条款，并说明如何改正。如：

Please delete the clause “BY DIRECT STEAMER” and insert the wording

“TRANSSHIPMENT AND PARTIAL SHIPMENT ARE ALLOWED”.（请删去“直接装运”一词，并加上“允许转船和分批装运”字样）或

Please extend the date and the validity of the L/C to ××× and respectively.

（请将信用证的日期和有效期分别展延至×××和×××.）

（3）感谢对方的合作，提醒信用证修改书应于某日前到达，以便按时装运等。如：

Thank you for your kind cooperation, please see to it that the L/C amendment reaches us before, failing which we shall not be able to effect punctual shipment.

（感谢贵方的合作，请务必将信用证修改书提前寄达我方，否则，我方将无法按时装运。）

二、任务实施

Training Situation（实训场景）：Joint shipping TRADING CORP.（the seller） has received the L/C from F.L SMIDTH&CO.A/S.(the buyer）[联合海运进出口贸易公司(卖方）已收到 F L SMIDTH&CO.A/S（买方）的信用证。]

Training Requirements（实训要求）：Write a letter with the hints：asking the buyer to amend the credit by checking it with the given contract terms.（用下面的提示写一封信，要求买方根据合同条款修改信用证。）

（1）31D：“DATE 070620 ” should change to “DATE 070630”.（“日期 070620”应改为“日期 070630”。）

（2）50：“6 KAWARA MACH OSAKA JAPAN ”should change to “6-7 KAWARA MACH OSAKA JAPAN ”.

（“6 KAWARA MACH OSAKA JAPAN” 应该改成“6-7 KAWARA MACH OSAKA JAPAN”。）

（3）32B：“CURRENCY USD AMOUNT 6 000.00” should change to “USD 60 000.00”.

（“金额 6000 美元”变更为“USD 60 000.00”。）

（4）43P：“ALLOWED ” should change to “NOT ALLOWED”.（“允许”应该改为“不允许”。）

（5）44A：“SUZHOU PORT ” should change to “ SHANGHAI PORT”.（“苏州港”应该改为“上海港”。）

（6）45A：t-shirt as per “S/C NO. TXT 2642 ” should change to “S/C NO.TXT264”.

（T 恤号码“S/C No.TXT 2642 ”应改为“S/C NO.TXT264”。）

（7）46A：“FOR 120 PERCENT OF THE INVOICE VALUE COVERING ALL RISKS” should change to “FOR 110 PERCENT OF THE INVOICE VALUE COVERING ALL RISKS”.（“投保一切险的发票金额的 120%”应改为“投保一切险的发票金额的 110%”。）

联合海运进出口贸易公司改证：

发件人：Joint shipping@sohu.com

收件人：F.L SMIDTH<ABC119@hotmail.com>

主题：AMEND THE L/C　　　　2007-3-16　10:00

三、知识链接：改证用语

今收到你公司对第×××号销售确认书开来的第×××号信用证，但发现少开500美元。请与上述销售确认书核对并希及早修改。

We have received your L/C No.××× against S/C No.×××, but found its amount is US$500 short. You will find the shortage by referring to the said contract. It is hoped that you will make it up at your earliest convenience.

四、拓展提升

Translate following paragraph into Chinese（请将下面的内容翻译为中文）.

蓝 海 贸 易 公 司

BLUE SEA TRADING CORPORATION

==

ADD.: 8TH FLOOR, JIN DU BUILDING ,　　TEL:　86-21-64331255

277 WU XING ROAD,　　FAX:　86-21-64331256

SHANGHAI, CHINA

==

DT: JULY 31TH,1999

TO: F.L.SMIDTH & CO. A/S　　FAX: （01）20 11 90

Dear Sirs,

We are very glad to receive your L/C No. FLS-JHLC01, but we are quite sorry to find that it contains some discrepancies with the S/C. Please instruct your bank to amend the L/C as quickly as possible.

The L/C is to be amended as follows:

*The place of expiry shall be "In China", instead of "at our counter".

*The address of applicant is 77, Vigerslev, Alle, DK-2500 Valby, Copenhagen, Denmark, instead of "DK-2600…".

*The name of the goods is YE803 26' and TE600 24', instead of YE803 24' and TE600 26'.

*Delete the clause "1/3 original B/L…". And it shall be "3/3 original clean shipped on board marine bill of lading..." instead of "2/3 original clean shipped on board marine bill of lading..."

*The S/C No. should be JH-FLSSC01, instead of FLS9711.

*The transshipment is allowed anywhere, not "transshipment is allowed only in Hong Kong".

*Documents to be presented within 21 days after the date of issuance of the transport documents in stead of within 15 days .

Yours faithfully,

GOLDEN SEA TRADING CORP.

Manager

× × ×

项目四　出口合同的履行

任务一　装箱单

一、知识准备

装箱单也称包装单、花色码单、码单，是用以说明货物包装细节的清单。卖方一般都向买方提供装箱单作为发票的补充，以便在货物到达目的港后，供海关验货和收货人核对货物。装箱单主要载明货物装箱的详细情况，包括所装货物的名称、规格、数量、花色搭配等。

二、任务实施

装箱单具体内容如图 4-1 所示。

		PACKING LIST					
SELLER				**INVOICE NO.**		**INVOICE DATE**	
GOLDEN SEA TRADING CORP.				JH-FLSINV01		5-Aug-99	
8TH FLOOR, JIN DU BUILDING,				**FROM**		**TO**	
277 WU XING ROAD,				SHANGHAI		COPENHAGEN	
SHANGHAI, CHINA				**TOTAL PACKAGES(IN WORDS)**			
				SAY ONE THOUSAND AND TWO HUNDRED CARTONS ONLY			
BUYER				**MARKS & NOS.**			
F.L.SMIDTH & CO. A/S				FLS			
77, VIGERSLEV ALLE,				9711			
DK-2500 VALBY				COPENHAGEN			
COPENHAGEN, DENMARK				NO. 1-1200			
C/NOS.	**NOS. & KINDS OF PKGS.**		**ITEM**	**QTY.(pcs.)**	**G.W.(kg)**	**N.W.(kg)**	**MEAS(m3)**
		FOREVER BRAND BICYCLE					
1-600	600	CARTONS	YE803 26'	600	19800	16800	273.600
601-1200	600	CARTONS	TE600 24'	600	19800	16800	273.600
TOTAL	1200	CARTONS		1200	39600	33600	547.200
COLOR ASSORTMENT OF EACH ART.NO.:				BLUE,GREEN,RED,PURPLE AND WHITE.			
				100 SETS EACH PER ART NO.			
SHIPPING MARKS				**WEIGHT AND MEAS. PER EXPORT CARTON:**			
FLS				ART.NO.	G.W.(KGS.)	N.W.(KGS.)	MEAS.(M3)
9711							
COPENHAGEN				YE803 26'	33	28	0.456
NO. 1-1200				TE600 24'	33	28	0.456
				ISSUED BY			
				GOLDEN SEA TRADING CORP.			
				SIGNATURE			
					X X X		3copies

图 4-1　装箱单

1. 单据名称（Name of Document）

单据名称通常用英文粗体标出（如图 4-2 所示）。常见的英文名称有 Packing List（Note）。

PACKING LIST		
SELLER	INVOICE NO.	INVOICE DATE
GOLDEN SEA TRADING CORP.	JH-FLSINV01	5-Aug-99
8TH FLOOR, JIN DU BUILDING,	FROM	TO
277 WU XING ROAD,	SHANGHAI	COPENHAGEN
SHANGHAI, CHINA	TOTAL PACKAGES(IN WORDS)	
	SAY ONE THOUSAND AND TWO HUNDRED CARTONS ONLY	
BUYER	MARKS & NOS.	
F.L.SMIDTH & CO. A/S	FLS	
77, VIGERSLEV ALLE,	9711	
DK-2500 VALBY	COPENHAGEN	
COPENHAGEN, DENMARK	NO. 1-1200	

图 4-2

2. 出口企业名称和地址（Exporter's Name and Address）

出口企业的名称、地址应与发票内的同项内容一致（如图 4-3 所示）。

PACKING LIST		
SELLER	INVOICE NO.	INVOICE DATE
GOLDEN SEA TRADING CORP.	JH-FLSINV01	5-Aug-99
8TH FLOOR, JIN DU BUILDING	FROM	TO
277 WU XING ROAD,	SHANGHAI	COPENHAGEN
SHANGHAI, CHINA	TOTAL PACKAGES(IN WORDS)	
	SAY ONE THOUSAND AND TWO HUNDRED CARTONS ONLY	
BUYER	MARKS & NOS.	
F.L.SMIDTH & CO. A/S	FLS	
77, VIGERSLEV ALLE,	9711	
DK-2500 VALBY	COPENHAGEN	
COPENHAGEN, DENMARK	NO. 1-1200	

图 4-3

3. 进口企业名称和地址（Importer's Name and Address）

进口企业的名称、地址应与发票内的同项内容一致（如图 4-4 所示）。

PACKING LIST		
SELLER	INVOICE NO.	INVOICE DATE
GOLDEN SEA TRADING CORP.	JH-FLSINV01	5-Aug-99
8TH FLOOR, JIN DU BUILDING,	FROM	TO
277 WU XING ROAD,	SHANGHAI	COPENHAGEN
SHANGHAI, CHINA	TOTAL PACKAGES(IN WORDS)	
	SAY ONE THOUSAND AND TWO HUNDRED CARTONS ONLY	
BUYER	MARKS & NOS.	
F.L.SMIDTH & CO. A/S	FLS	
77, VIGERSLEV ALLE,	9711	
DK-2500 VALBY	COPENHAGEN	
COPENHAGEN, DENMARK	NO. 1-1200	

图 4-4

4. 装箱单号

装箱单号码，在表头上方显示。

5. 发票号（Invoice No.）

与发票号码一致（如图 4-5 所示）。

PACKING LIST		
SELLER	INVOICE NO.	INVOICE DATE
GOLDEN SEA TRADING CORP.	JH-FLSINV01	5-Aug-99
8TH FLOOR, JIN DU BUILDING,	FROM	TO
277 WU XING ROAD,	SHANGHAI	COPENHAGEN
SHANGHAI, CHINA	TOTAL PACKAGES(IN WORDS)	
	SAY ONE THOUSAND AND TWO HUNDRED CARTONS ONLY	
BUYER	MARKS & NOS.	
F.L.SMIDTH & CO. A/S	FLS	
77, VIGERSLEV ALLE,	9711	
DK-2500 VALBY	COPENHAGEN	
COPENHAGEN, DENMARK	NO. 1-1200	

图 4-5

6. 日期（Date）

装箱单缮制日期。应与发票日期一致，不能迟于信用证的有效期及提单日期（如图 4-6 所示）。

PACKING LIST		
SELLER	INVOICE NO.	INVOICE DATE
GOLDEN SEA TRADING CORP.	JH-FLSINV01	5-Aug-99
8TH FLOOR, JIN DU BUILDING,	FROM	TO
277 WU XING ROAD,	SHANGHAI	COPENHAGEN
SHANGHAI, CHINA	TOTAL PACKAGES(IN WORDS)	
	SAY ONE THOUSAND AND TWO HUNDRED CARTONS ONLY	
BUYER	MARKS & NOS.	
F.L.SMIDTH & CO. A/S	FLS	
77, VIGERSLEV ALLE,	9711	
DK-2500 VALBY	COPENHAGEN	
COPENHAGEN, DENMARK	NO. 1-1200	

图 4-6

7. 唛头及件数编号（Marks and Numbers）

与合同一致（如图 4-7 所示）。

PACKING LIST		
SELLER	INVOICE NO.	INVOICE DATE
GOLDEN SEA TRADING CORP.	JH-FLSINV01	5-Aug-99
8TH FLOOR, JIN DU BUILDING,	FROM	TO
277 WU XING ROAD,	SHANGHAI	COPENHAGEN
SHANGHAI, CHINA	TOTAL PACKAGES(IN WORDS)	
	SAY ONE THOUSAND AND TWO HUNDRED CARTONS ONLY	
BUYER	MARKS & NOS.	
F.L.SMIDTH & CO. A/S	FLS	
77, VIGERSLEV ALLE,	9711	
DK-2500 VALBY	COPENHAGEN	
COPENHAGEN, DENMARK	NO. 1-1200	

图 4-7

8. 包装种类和件数、货物描述（Number and Kind of Packages, Description of Goods）

要求与发票一致。货名如有总称，应先注明总称，然后逐项列明每一包装件的货名、规格、品种等内容（如图 4-8 所示）。

C/NOS.	NOS. & KINDS OF PKGS.		ITEM	QTY.(pcs.)	G.W.(kg)	N.W.(kg)	MEAS(m3)
		FOREVER BRAND BICYCLE					
1-600	600	CARTONS	YE803 26'	600	19800	16800	273.600
601-1200	600	CARTONS	TE600 24'	600	19800	16800	273.600
TOTAL	1200	CARTONS		1200	39600	33600	547.200

图 4-8

9. 外包装件数（Package）

填写每种货物的包装件数，最后在合计栏处注明外包装总件数（如图 4-9 所示）。

在 POCIB 中，合同中的数量一般为销售数量，外包装件数则需通过计算得出，如：100 CARTONS（注意单位的单复数）。

C/NOS.	NOS. & KINDS OF PKGS.		ITEM	QTY.(pcs.)	G.W.(kg)	N.W.(kg)	MEAS(m3)
		FOREVER BRAND BICYCLE					
1-600	600	CARTONS	YE803 26'	600	19800	16800	273.600
601-1200	600	CARTONS	TE600 24'	600	19800	16800	273.600
TOTAL	1200	CARTONS		1200	39600	33600	547.200

图 4-9

10. 毛重（Gross Weight）

注明每个包装件的毛重和此包装件内不同规格、品种、花色货物各自的总毛重（G.W），最后在合计栏处注明总毛重（如图 4-10 所示）。信用证或合同未要求，不注亦可。 如：2588.36 KGS（小于或等于 1 公斤的填单数 KG）。

C/NOS.	NOS. & KINDS OF PKGS.		ITEM	QTY.(pcs.)	G.W.(kg)	N.W.(kg)	MEAS(m3)
		FOREVER BRAND BICYCLE					
1-600	600	CARTONS	YE803 26'	600	19800	16800	273.600
601-1200	600	CARTONS	TE600 24'	600	19800	16800	273.600
TOTAL	1200	CARTONS		1200	39600	33600	547.200

图 4-10

11. 净重（Net Weight）

注明每个包装件的净重和此包装件内不同规格、品种、花色货物各自的总净重，最后在合计栏处注明总净重（如图 4-11 所示）。信用证或合同未要求，不注亦可。 如：760 KGS（小于或等于 1 公斤的填单数 KG）。在 POCIB 中，本栏须分别填入数值与单位，计算方法可查看国内工厂网站中“商品相关计算方法”。

C/NOS.	NOS. & KINDS OF PKGS.		ITEM	QTY.(pcs.)	G.W.(kg)	N.W.(kg)	MEAS(m3)
		FOREVER BRAND BICYCLE					
1-600	600	CARTONS	YE803 26'	600	19800	16800	273.600
601-1200	600	CARTONS	TE600 24'	600	19800	16800	273.600
TOTAL	1200	CARTONS		1200	39600	33600	547.200

图 4-11

12. 包装尺码（Measurement）

注明每个包装件的体积，最后在合计栏处注明总体积（如图 4-12 所示）。信用证或合同未要求，不注亦可。如：1623.548 CBM。在 POCIB 中，本栏须分别填入包装数量与单位，计算方法为总销售数量除以单位包装数后进位取整。

例如：105 件 02001 男式睡衣，每箱 20 件，箱数为 105/20 = 5.25，进位取整得 6。

C/NOS.	NOS. & KINDS OF PKGS.		ITEM	QTY.(pcs.)	G.W.(kg)	N.W.(kg)	MEAS(m3)
		FOREVER BRAND BICYCLE					
1-600	600	CARTONS	YE803 26'	600	19800	16800	273.600
601-1200	600	CARTONS	TE600 24'	600	19800	16800	273.600
TOTAL	1200	CARTONS		1200	39600	33600	547.200

图 4-12

13. 货物总计（Total）

分别填入所有货物累计的总包装数、总毛重、总净重和总体积(包括相应的计量单位)。同时以大写文字写明总包装数量，必须与数字表示的包装数量一致（如图 4-13 所示）。

例如：FOUR THOUSAND FOUR HUNDRED CARTONS ONLY.

C/NOS.	NOS. & KINDS OF PKGS.		ITEM	QTY.(pcs.)	G.W.(kg)	N.W.(kg)	MEAS(m3)
		FOREVER BRAND BICYCLE					
1-600	600	CARTONS	YE803 26'	600	19800	16800	273.600
601-1200	600	CARTONS	TE600 24'	600	19800	16800	273.600
TOTAL	1200	CARTONS		1200	39600	33600	547.200

图 4-13

14. 签章（Signature）

出单人签章应与商业发票相符，如果信用证规定中性包装，此栏可不填（如图 4-14 所示）。

SHIPPING MARKS	WEIGHT AND MEAS. PER EXPORT CARTON:			
FLS	ART.NO.	G.W.(KGS.)	N.W.(KGS.)	MEAS.(M3)
9711				
COPENHAGEN	YE803 26'	33	28	0.456
NO. 1-1200	TE600 24'	33	28	0.456
	ISSUED BY			
	GOLDEN SEA TRADING CORP.			
	SIGNATURE			
		X X X		3copies

图 4-14

三、知识链接：常见信用证装箱单条款及其释义

（1）Packing List in six fold.

该条款要求装箱单一式六份。

（2）Signed Packing List，original and nine copies.

该条款要求签名的正本装箱单和九份副本。

（3）Manually signed Packing List in triplicate detailing the complete inner packing specifications and contents of each package.

该条款要求手签装箱单一式三份，详注每件货物内部包装的规格和内容。

（4）Detailed weight and measurement list showing in detail the colors，sizes and quantities in each carton and also NT. WT and G. WT.

该条款要求明细重量和尺码单，详注每箱货物的颜色、尺寸和数量以及毛重和净重。

（5）Signed Packing List in quadruplicate showing gross weight，net weight，net/net weight, measurement, color, size and quantity breakdown for each package, if applicable.

该条款要求签名的装箱单一式四份，如果适用请标明每个包装的毛重、净重、净净重、尺码、颜色、尺寸和数量。

四、拓展提升

2012 年 1 月 1 日，上海新六联物流有限公司接到上海汇众器械有限公司的货运委托，运输一批沸腾干燥机（FLUID BED DRYER）到加拿大温哥华。上海汇众器械有限公司与加拿大温哥华一工厂签订销售确认书（SALE NO.：0121416），双方约定：装运港为上海（SHANGHAI）；目的港为温哥华（VANCOUVER）；交货地点为芝加哥（CHICAGO）；该批货物装在一个 20 尺的普通海运集装箱内（CONTAINER NO.：GLDU2963973），铅封号为：0121416，运费到付。订舱确认后货物于 2012 年 1 月 5 日运至上海新六联物流有限公司堆场（上海市宝山区杨行工业园区锦富路 65 号）。

请根据下述信息完成集装箱装箱单的填制。

1. 报关单信息

申报号：001；备案号：无；主管海关：浦东海关（2201）；出口口岸：外港海关（2225）；合同号：0121416；运输方式：水路运输；运输工具名称：ALBERTA/426E；提运单号：CMAACSF；监管方式：一般贸易（0110）；结汇方式：信用证（6）；运抵国（地区）：加拿大（501）；指运港：温哥华（3089）；征免性质：一般征税（101）；纳税方式：地方；批准文号：014 ；成交方式：CIF；运费率：USD120.00；附加费：10%；件数：1；毛重（KG）：4000；净重（KG）：2700；体积（M^3）：18.6。

货品信息[品名：沸腾干燥机；申报数量：1；数量单位：台；币制：美元（502）；总价：27090；单价：27090；国别：加拿大（501）]；序号：0；商品号：84193990；规格型号：FLUID BED DRYER MODEL FG200C；附加号：90；征税方式：照章。

2. 货物信息

唛头：TERRAZZO

NO.00033507

运输车队：沪 T33441

车重：5 吨

商品数量：1SET

3. 其他信息

出口公司：上海汇众器械有限公司

SHANGHAI HUIZHONG MARBLE CO., LTD. NO.918 JIAXIN ROAD JIADING INDUSTRIAL AREA SHANGHAI 201818 CHINA

国外收货人：

TERRAZZO & MARBLE SUPPLY COMPANIES

77 SOUTH WHEELING ROAD, WHEELING, IL60090 U.S.A

运费计费标准：件（SET）

4. 集装箱装箱单填写说明

（1）集装箱号（Container No.）：车队到堆场提空后，将集装箱号填写在装箱单上；此处填写实际集装箱号即可。

（2）船名、船次：此处可依据报关单、订舱确认书、配舱回单等单据直接填写订舱确认后的船名、航次。一般船名航次由“/”或“V.”分隔，前半部分为船名，后半部分为航次。例如船名航次为：DONGFANG/875E，即船名为 DONGFANG，航次为 875E。

（3）目的港：本次运输船运的最终目的港，英文填写，如温哥华（VANCOUVER），直接填写“VANCOUVER”。

（4）铅封号：集装箱的铅封号由车队填写，与集装箱号码是一一对应的关系；直接填写铅封号，5 ~ 7 位阿拉伯数字。

（5）提单号：根据订舱确认单、提箱单、报关单等单据填写实际提单号码。

（6）集装箱规格：直接填写装运本批货物的集装箱类型，填写格式为：“集装箱尺寸（数字）”+“/”+“集装箱类型（英文缩写）”。例如：40 尺高箱，即填写为“40/HP”。

（7）唛头：填写货物外包装上的运输标记。按提单、保管发票、装箱单、报关单上的内容填写，应与提单上所记载的标记一致，特别是要和刷在货物外包装上的实际标记符号相同。

（8）件数及包装：填写本批货物运输的实际包装件数及种类。填写标准为：“商品数量”+“包装种类简写”。例如，20 个包装箱，则填写为：“20CAR”。

（9）品名：集装箱内所装货物名称，按照销售确认书填写商品的中文名称；例如，出口商品为管件，则在此处直接“管件”。

（10）毛重：填写出运商品总毛重。填写时，若表头处有单位，则此处只填写重量数，例如 23KGS，此处只填“23”；若表头处无单位，则此处需填写重量数和单位，如“23KGS。

（11）整箱重：此处填写出运商品包装总重。

（12）体积：填写出运货物的总体积，若在表单表头处有体积单位，则此处只填写体积数，例如 23 立方米，此处只填写“23”；若表头处无体积单位，则此处需填写体积数和单位，例如 23 立方米，此处填写“23CBM”。

（13）收货人：本次交易合同进口商。多数情况下填写进口商的英文名称和地址，并与信用证开证申请人的名称和地址保持一致。

（14）装箱地点：实际的货物装箱地点。如果是在工厂装箱就直接写工厂名称；如果是在堆场就写堆场名称。例如，送货通知上标明将货物于 2010 年 12 月 5 日前运至×××物流公司堆场，地址为：上海市××区××路，则此处直接填写“×××物流公司堆场”。

（15）装箱日期：装箱的具体日期，按照系统提示选择日期。例如装箱日期为 2011 年 1 月 1 日，则此处填写“2011-1-1”。

（16）发货人：发货人英文名称和地址。可直接根据销售确认书填写。

请填写表格 4-1。

表 4-1 装箱单

装箱单 CONTAINER LOAD PLAN							
船名 Vessel		船次 Voy		目的港 Destination		集装箱号 Contr NO.	
						铅封号 Seal No.	
						集装箱规格 Contr Type	
提单号 B/L NO.	标记 Shipping Mark	件数及包装 Packing& Numbers	品名 Description	毛重 G.W.(kgs)	整箱重 Container G.W.(kgs)	体积 Measurement	收货人及通知人 Consignees&Notify Party
装箱地点 Loading Spot		装箱日期 Loading Date			发货人 Shipper		

任务二　报检单

一、知识准备

报检是指出口前产品的生产、经营部门或进口商品的收货、用货或代理核运部门按照《进出口商品检验法实施条例》的规定，向商检机构申请办理检验、鉴定手续，报验人办理报验时要填制“报验申请单”，并提交买卖合同、信用证、往来函电等有关资料。在实际工作中，对出口商品报验和进口商品报验有不同的要求。

二、任务实施：出境货物报检单的填制要求

报检单位须加盖报检单位印章，并准确填写本单位在检验检疫机构备案或注册登记的代码。所列各项内容必须完整、准确、清晰、不得涂改。

报检单具体填写说明如下。

（1）报检单位：向检验检疫机构申报检验、检疫、鉴定业务的单位。若委托货运代理报检，则直接填写货运代理公司中文名称。报检单应加盖报检单位公章。

（2）报检单位登记号：报检单位在检验检疫机构登记的号码，该号码独一无二。

（3）发货人：本批货物贸易合同中卖方名称或信用证中受益人名称。直接填写出口商公司中英文名称，分别填写在对应的位置。

（4）收货人：本批出境货物贸易合同中或信用证中进口商买方名称。直接填写进口商公司中英文名称，分别填写在对应的位置。

（5）货物名称：按贸易合同或发票所列的货物名称，根据需要可填写型号、规格或牌号。货物名称不得填写笼统的商品类，如“陶瓷”“玩具”等。货物名称必须填写具体的类别名称，如“日用陶瓷”“塑料玩具”。位置不够的，可用附页的形式填报。

（6）H.S.编码：货物对应的海关商品代码，填写 8 位数或 10 位数。

（7）产地：货物生产/加工的省（自治区、直辖市）以及地区（市）名称，例如陕西省西安市，则此处填写“陕西西安”。

（8）数/重量：填写报检货物的数/重量，重量一般填写净重。如填写毛重，或以毛重作净重则需注明，填写规则为“商品数量”+“/”+“重量”，例如“2 台/345KGS”。

（9）货物总值：按本批货物合同或发票上所列的总值填写（以美元计）。如同一报检单报检多批货物，需列明每批货物的总值。填写规则为："货币币种" + "金额大小"。例如：23 美元，填写为"USD23.00"。（注：如申报货物总值与国内、国际市场价格有较大差异，检验检疫机构保留核价权力。）

（10）包装种类及数量：本批货物运输包装数量和包装种类。例如：23 个包装箱，则填写为"23 箱"。

（11）运输工具名称号码：填写货物实际装载的运输工具类别名称（如船、飞机、货柜车、火车等）及运输工具编号（船名、飞机航班号、车牌号码、火车车次）。报检时，未能确定运输工具编号的，可只填写运输工具类别。

（12）贸易方式：根据本次交易的贸易方式直接选择，包括一般贸易、来料加工、进料加工、其他等。

（13）合同号：直接填写本批货物贸易合同编号。

（14）输往国家（地区）：贸易合同中买方（进口方）所在的国家或地区。直接填写本次交易的最终目的地国家中文名称。

（15）启运地：装运本批货物离境的交通工具的启运地区城市口岸名称，具体到港口中文名称，填写时填写城市/国家名称 + 口岸名称。

（16）到达口岸：装运本批货物的交通工具最终抵达目的地停靠的口岸中文名称，如天津港，则填写"天津"。

（17）生产单位注册号：生产/加工本批货物的单位在检验检疫机构的注册登记编号。

（18）标记及号码：按出境货物实际运输包装标记填写。若信用证或其他单据没有标记说明，填写 N/M。该标记栏位置不够时，可用附页填写。

（19）随附单据：按实际提供的单据，在对应的"□"打"√"。对报检单上未标出的，须自行填写提供的单据名称。

（20）报检日期：填写实际报检日期，填写格式为年、月、日。例如 2011 年 1 月 1 日，填写内容为"2011 年 01 月 01 日"。

（21）需要证单名称：根据所需由检验检疫机构出具的证单，在对应的"□"上打"√"或补填。并注明所需证单的正副本数量。

（22）报检人郑重声明：报检人员必须亲笔签名。

（23）检验检疫费：由检验检疫机构计费人员填写。

（24）领取证单：报检人在领取证单时填写领证日期并签名。

我国出入境货物报检单如表 4-2 所示。

表 4-2

中华人民共和国出入境检验检疫

出境货物报检单

报检单位（加盖公章）：　　　　　　　　　　　　　　*编号________________

报检单位登记号：　　　　联系人：　　　　电话：　　　　报检日期：　　年　　月　　日

发货人	（中文）				
	（外文）				
收货人	（中文）				
	（外文）				
货物名称（中/外文）	H.S.编码	产地	数/重量	货物总值	包装种类及数量

运输工具名称号码		贸易方式		货物存放地点	
合同号		信用证号		用途	
发货日期		输往国家（地区）		许可证/审批号	
启运地		到达口岸		生产单位注册号	
集装箱规格、数量及号码					

合同、信用证订立的检验检疫条款或特殊要求	标记及号码	随附单据（划"√"或补填）	
		□合同	□包装性能结果单
		□信用证	□许可/审批文件
		□发票	□
		□换证凭单	□
		□装箱单	□
		□厂检单	□

需要单据名称（划"√"或补填）		*检验检疫费	
□品质证书　_正_副	□植物检疫证书　_正_副	总金额（人民币元）	
□重量证书　_正_副	□熏蒸/消毒证书　_正_副		
□数量证书　_正_副	□出境货物换证凭单	计费人	
□兽医卫生证书　_正_副	□出境货物通关单		
□健康证书　_正_副	□	收费人	
□卫生证书　_正_副	□		
□动物卫生证书　_正_副	□		

报检人郑重声明：	领取证单	
1．本人被授权报检。	日期	
2．上列填写内容正确属实，货物无伪造或冒用他人的厂名、标志、认证标志，并承担货物质量责任。		
签名：____________	签名	

注：有"*"号栏由出入境检验检疫机关填写　　　　◆国家出入境检验检疫局制

三、知识链接

（1）The importers have the right to re-inspect the goods after their arrival.

进口商在货到后有权复验商品。

（2）Our goods must be up to export standards before the inspection bureau releases.

我们的货物只有在符合出口标准后，商检局才予以放行。

（3）As a rule，our certificate is made out in Chinese and English.

通常证明书是用中文和英文开具的。

（4）Our inspection bureau will issue a veterinary inspection certificate to show that the shipment is in conformity with export standards.

商检局将出具动物检疫证明书以证明货物符合出口标准。

（5）The certificate will be issued by China Import and Export Commodity Inspection Bureau or by any of its branches.

检验证明书将由中国进出口商品检验局或其分支机构出具。

四、拓展提升

河北器械贸易有限公司（HEBEI EQUIPMENT TRADE CO.,LTD.）是一家经营大型器械的企业，2011 年 04 月 12 日与印度 DTW 有限公司（INDIA DTW CO.,LTD.）签订一份贸易合同，合同约定出口一台型号为 QX03212 的履带式挖掘机（H.S.CODE：8429521200）。2011 年 05 月 05 日，河北器械贸易有限公司（该公司具有自主报检资质，报检登记号为 1301012350）向天津检验检疫局发出报检申请（河北器械贸易有限公司；联系人：王燕；联系方式：13412345678）。

请根据销售确认书、发票、箱单、补充资料完成出境货物报检单的填制。其中“货物存放地点”“信用证号”“发货日期”“集装箱规格、数量及号码”“用途”“许可证/审批号”等内容本案未涉及，不用填写，其他栏目均空白。具体信息如下所示：

销售确认书（SALE CONTRACT）

S/C NO（合同号）：QXCK234　　DATE：2011-04-12

1. 货物名称、规格、数量、单价、总价

<table>
<tr><th colspan="2">Name of Commodity ,Specifications
商品名称、规格</th><th>Unit</th><th>Quantity
数量</th><th>Unit Price
单价</th><th>Total Amount
总价</th></tr>
<tr><td colspan="2">HYDRAULIC CRAWLER
EXCAVATOR
QX03212</td><td>CASE</td><td>1</td><td>USD23500.00</td><td>USD23500.00</td></tr>
<tr><td>总值
Total Value</td><td colspan="5">USD23500.00</td></tr>
</table>

2. 唛头（SHIPPING MARKS）：DTW

3. 装运港：天津新港（XINGANG）

4. 卸货港：印度金奈（CHENNAI）

发票（INVOICE）

NO：QX0387-05

S/C NO.：QXCK234

DATE：MAY.05.2011

CONSIGNEE：河北器械贸易有限公司（报检单位登记号：1301012350）

PORT OF LOADING：XINGANG, TIANJIN

DESTINATION：CHENNAI，INDIA

TRANSPORTATION WAY：BY SEA

DELIVERY TERMS：CFR CHENNAI

PAYMENT TERMS：L/C

Name of Commodity, Specifications 商品名称和品种	Unit	Quantity 包装数量	Unit Price 单价	Total Amount 总价
HYDRAULIC CRAWLER EXCAVATOR QX03212	CASE 箱	1	USD23500.00	USD23500.00
Total Value 总值	SAY USD TWENTY THREE THOUSAND AND FIVE HUNDRED ONLY			

箱单（PACKING LIST）

NO.：QX0387-05

S/C NO.：QXCK234

DATE：MAY.05.2011

CONSIGNEE：河北器械贸易有限公司（报检单位登记号：1301012350）

PORT OF LOADING：TIANJIN, XINGANG

DESTINATION：CHENNAI，INDIA

TRANSPORTATION WAY：BY SEA

DELIVERY TERMS：CFR CHENNAI

Description	Unit	Quantity	G.W（毛重）/KGS	N.W（净重）/KGS
HYDRAULIC CRAWLER EXCAVATOR QX03212	CASE	1	2450	2400
Total Packing	1			
Total Gross Weight	2450KGS			
Total Net Weight	2400KGS			

补充资料：

货物产地：河北石家庄

包装种类及数量：1 箱

贸易方式：一般贸易

运输船名/船次：TAGFRT 08574

随附单据：合同、发票、装箱单、换证凭单。

请填写表格 4-3。

表 4-3　出境货物报检单

报检单位（加盖公章）			编号						
报检单位登记号		联系人		电话		报检日期	年	月	日
发货人	中文								
	英文								
收货人	中文								
	英文								
货物名称（中、英文）	HS 编码	产地	数量、重量	货物总值	包装种类及数量				
运输工具名称号码		贸易方式		货物存放地点					
合同号		信用证号		用途					
发货日期		输往国家（地区）		许可证、审批号					
起运地		到达口岸		生产单位注册号					
集装箱规格、数量及号码									
合同、信用证订立检验检疫条款或特殊要求	标记及号码	随附单据（划“√”或补填）							
		□合同	□装箱单						
		□信用证	□厂检单						
		□发票	□包装性能结果单						
		□换证凭单	□许可、审批文件						
		检验检疫费							

任务三　商业发票

一、知识准备

1. 商业发票的概念

商业发票（Commercial Invoice）在对外贸易中简称发票，是出口公司对国外买方开立的载有货物名称、规格、数量、单价、总金额等方面内容的清单，供国外买方收货、支付货款和报关完税使用，是所装运货物的总说明。虽然发票不是物权凭证，但如果出口单据中缺少了发票，就不能了解该笔业务的全部情况。商业发票是进出口业务中最基本的单据，是全套货物单据中的一张核心单据，其他单据都是以它为中心，参照它来制作的。

2. 商业发票的作用

（1）发票是交易的合法证明文件，是货运单据的中心，也是装运货物的总说明。

（2）发票是买卖双方收付货款和记账的依据。

（3）发票是买卖双方办理报关、纳税的计算依据。

（4）在信用证不要求提供汇票的情况下，发票代替了汇票作为付款依据。

（5）发票是出口人缮制其他出口单据的依据。

二、任务实施：商业发票的制作说明及注意事项

商业发票并无统一、固定的格式，但其内容必须根据合同和信用证的特定要求而拟定，制作商业发票时，其文字描述要求既要做到符合合同的规定，又必须与信用证完全一致，并符合规范要求。

1. 出口商名称（Name of Exporter）

发票的顶端必须写明出口商名称、详细地址、传真和电话号码等（如图 4-15 所示）。

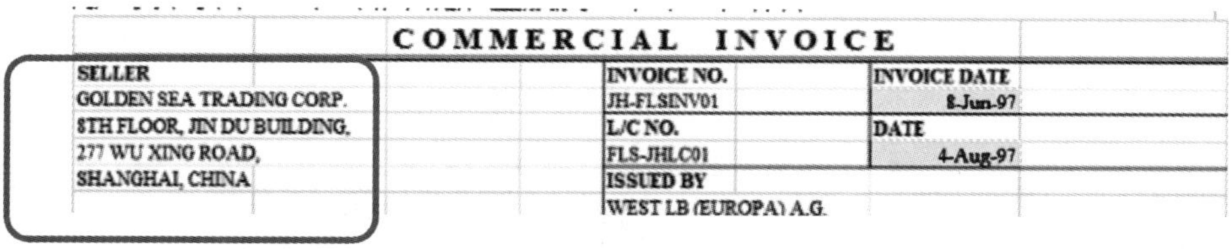

COMMERCIAL INVOICE

SELLER	INVOICE NO.	INVOICE DATE
GOLDEN SEA TRADING CORP.	JH-FLSINV01	8-Jun-97
8TH FLOOR, JIN DU BUILDING,	L/C NO.	DATE
277 WU XING ROAD,	FLS-JHLC01	4-Aug-97
SHANGHAI, CHINA	ISSUED BY	
	WEST LB (EUROPA) A.G.	

图 4-15

2. 发票名称（Invoice）

顶端要有明显的粗体字 COMMERCIAL INVOICE 或 INVOICE 字样（如图 4-16 所示）。

COMMERCIAL INVOICE		
SELLER	INVOICE NO.	INVOICE DATE
GOLDEN SEA TRADING CORP.	JH-FLSINV01	8-Jun-97
8TH FLOOR, JIN DU BUILDING,	L/C NO.	DATE
277 WU XING ROAD,	FLS-JHLC01	4-Aug-97
SHANGHAI, CHINA	ISSUED BY	
	WEST LB (EUROPA) A.G.	

图 4-16

3. 发票抬头人（Messrs）

填在发票左上端 TO 后面，一般填写买方（进口商）的名称和地址（如图 4-17 所示）。信用证支付货款时，如果信用证上有指定抬头人，则按信用证规定制单。

COMMERCIAL INVOICE					
SELLER		INVOICE NO.		INVOICE DATE	
GOLDEN SEA TRADING CORP.		JH-FLSINV01		8-Jun-97	
8TH FLOOR, JIN DU BUILDING,		L/C NO.		DATE	
277 WU XING ROAD,		FLS-JHLC01		4-Aug-97	
SHANGHAI, CHINA		ISSUED BY			
		WEST LB (EUROPA) A.G.			
BUYER		CONTRACT NO.		DATE	
F.L.SMIDTH & CO. A/S		JH-FLSSC01		14-Jul-99	
77, VIGERSLEV ALLE,		FROM		TO	
DK-2500 VALBY		SHANGHAI		COPENHAGEN	
COPENHAGEN, DENMARK		SHIPPED BY		PRICE TERM	
		YI XIANG	V307	CIFC5 COPENHAGEN	
MARKS	DESCRIPTION OF GOODS 16)	QTY.	UNIT PRICE		AMOUNT
FLS	FOREVER BRAND BICYCLE		CIFC5 COPENHAGEN		
9711					
COPENHAGEN	ART.NO.				
NO. 1-1200	YE803 26'	600 SETS		US$66.00	US$39600.00
	TE600 24'	600 SETS		US$71.00	US$42600.00
			TOTAL		US$82200.00

图 4-17

4. 发票号码（Invoice No.）、发票日期（Date of Invoice）、合同号码（Sales Confirmation No. or Contract No.）

发票号码由出口商统一编制，一般采用顺序号，便于查对（如图 4-18 所示）。

COMMERCIAL INVOICE		
SELLER	INVOICE NO.	INVOICE DATE
GOLDEN SEA TRADING CORP.	JH-FLSINV01	8-Jun-97
8TH FLOOR, JIN DU BUILDING,	L/C NO.	DATE
277 WU XING ROAD,	FLS-JHLC01	4-Aug-97
SHANGHAI, CHINA	ISSUED BY	
	WEST LB (EUROPA) A.G.	

图 4-18

5. 运输资料（Transport Details）

填写货物实际的起运港（地）、目的港（地），应明确具体，不能笼统，如来证要求“美国港口”，在制作发票时要填写具体港名，如 NEW YORK（纽约）或 LOS ANGELES（洛杉矶）等（如图 4-19 所示）。对有重名的港口，根据来证规定要加国名。

COMMERCIAL INVOICE

SELLER				INVOICE NO.		INVOICE DATE	
GOLDEN SEA TRADING CORP.				JH-FLSINV01		8-Jun-97	
8TH FLOOR, JIN DU BUILDING,				L/C NO.		DATE	
277 WU XING ROAD,				FLS-JHLC01		4-Aug-97	
SHANGHAI, CHINA				ISSUED BY			
				WEST LB (EUROPA) A.G.			
BUYER				CONTRACT NO.		DATE	
F.L.SMIDTH & CO. A/S				JH-FLSSC01		14-Jul-99	
77, VIGERSLEV ALLE,				FROM		TO	
DK-2500 VALBY				SHANGHAI		COPENHAGEN	
COPENHAGEN, DENMARK				SHIPPED BY		PRICE TERM	
				YI XIANG	V307	CIFC5 COPENHAGEN	
MARKS	DESCRIPTION OF GOODS		16)	QTY.	UNIT PRICE		AMOUNT
FLS	FOREVER BRAND BICYCLE				CIFC5 COPENHAGEN		
9711							
COPENHAGEN	ART.NO.						
NO. 1-1200	YE803 26'		600	SETS		US$66.00	US$39600.00
	TE600 24'		600	SETS		US$71.00	US$42600.00
					TOTAL		US$82200.00

图 4-19

6. 唛头及件号（Marks and Numbers）

凡是来证有指定唛头的，必须逐字按照规定制唛，如无指定，出口商可自行设计唛头（如图 4-20 所示）。

COMMERCIAL INVOICE

SELLER				INVOICE NO.		INVOICE DATE	
GOLDEN SEA TRADING CORP.				JH-FLSINV01		8-Jun-97	
8TH FLOOR, JIN DU BUILDING,				L/C NO.		DATE	
277 WU XING ROAD,				FLS-JHLC01		4-Aug-97	
SHANGHAI, CHINA				ISSUED BY			
				WEST LB (EUROPA) A.G.			
BUYER				CONTRACT NO.		DATE	
F.L.SMIDTH & CO. A/S				JH-FLSSC01		14-Jul-99	
77, VIGERSLEV ALLE,				FROM		TO	
DK-2500 VALBY				SHANGHAI		COPENHAGEN	
COPENHAGEN, DENMARK				SHIPPED BY		PRICE TERM	
				YI XIANG	V307	CIFC5 COPENHAGEN	
MARKS	DESCRIPTION OF GOODS		16)	QTY.	UNIT PRICE		AMOUNT
FLS	FOREVER BRAND BICYCLE				CIFC5 COPENHAGEN		
9711							
COPENHAGEN	ART.NO.						
NO. 1-1200	YE803 26'		600	SETS		US$66.00	US$39600.00
	TE600 24'		600	SETS		US$71.00	US$42600.00
					TOTAL		US$82200.00

图 4-20

7. 货物内容（Description）

该栏填写货物的具体名称和规格（如图 4-21 所示）。

COMMERCIAL INVOICE

SELLER	INVOICE NO.		INVOICE DATE
GOLDEN SEA TRADING CORP.	JH-FLSINV01		8-Jun-97
8TH FLOOR, JIN DU BUILDING,	L/C NO.		DATE
277 WU XING ROAD,	FLS-JHLC01		4-Aug-97
SHANGHAI, CHINA	ISSUED BY		
	WEST LB (EUROPA) A.G.		
BUYER	CONTRACT NO.		DATE
F.L.SMIDTH & CO. A/S	JH-FLSSC01		14-Jul-99
77, VIGERSLEV ALLE,	FROM		TO
DK-2500 VALBY	SHANGHAI		COPENHAGEN
COPENHAGEN, DENMARK	SHIPPED BY		PRICE TERM
	YI XIANG	V307	CIFC5 COPENHAGEN

MARKS	DESCRIPTION OF GOODS	16)	QTY.	UNIT PRICE	AMOUNT
FLS	FOREVER BRAND BICYCLE			CIFC5 COPENHAGEN	
9711					
COPENHAGEN	ART.NO.				
NO. 1-1200	YE803 26'	600	SETS	US$66.00	US$39600.00
	TE600 24'	600	SETS	US$71.00	US$42600.00
				TOTAL	US$82200.00

图 4-21

8. 货物的包装、件数（Quantities）

货物的包装、件数和数量必须在发票中列明，并与其他单据相符（如图 4-22 所示）。

COMMERCIAL INVOICE

SELLER	INVOICE NO.		INVOICE DATE
GOLDEN SEA TRADING CORP.	JH-FLSINV01		8-Jun-97
8TH FLOOR, JIN DU BUILDING,	L/C NO.		DATE
277 WU XING ROAD,	FLS-JHLC01		4-Aug-97
SHANGHAI, CHINA	ISSUED BY		
	WEST LB (EUROPA) A.G.		
BUYER	CONTRACT NO.		DATE
F.L.SMIDTH & CO. A/S	JH-FLSSC01		14-Jul-99
77, VIGERSLEV ALLE,	FROM		TO
DK-2500 VALBY	SHANGHAI		COPENHAGEN
COPENHAGEN, DENMARK	SHIPPED BY		PRICE TERM
	YI XIANG	V307	CIFC5 COPENHAGEN

MARKS	DESCRIPTION OF GOODS	16)	QTY.	UNIT PRICE	AMOUNT
FLS	FOREVER BRAND BICYCLE			CIFC5 COPENHAGEN	
9711					
COPENHAGEN	ART.NO.				
NO. 1-1200	YE803 26'	600	SETS	US$66.00	US$39600.00
	TE600 24'	600	SETS	US$71.00	US$42600.00
				TOTAL	US$82200.00

图 4-22

9. 单价（Unit Price）和总值（Amount）

单价由四部分组成，即计价货币、单位金额、计量单位和贸易术语；数量的计量单位和单价的计量单位必须一致（如图 4-23 所示）。

COMMERCIAL INVOICE						
SELLER			INVOICE NO.		INVOICE DATE	
GOLDEN SEA TRADING CORP.			JH-FLSINV01		8-Jun-97	
8TH FLOOR, JIN DU BUILDING,			L/C NO.		DATE	
277 WU XING ROAD,			FLS-JHLC01		4-Aug-97	
SHANGHAI, CHINA			ISSUED BY			
			WEST LB (EUROPA) A.G.			
BUYER			CONTRACT NO.		DATE	
F.L.SMIDTH & CO. A/S			JH-FLSSC01		14-Jul-99	
77, VIGERSLEV ALLE,			FROM		TO	
DK-2500 VALBY			SHANGHAI		COPENHAGEN	
COPENHAGEN, DENMARK			SHIPPED BY		PRICE TERM	
			YI XIANG	V307	CIFC5 COPENHAGEN	
MARKS	DESCRIPTION OF GOODS	16)	QTY.	UNIT PRICE		AMOUNT
FLS	FOREVER BRAND BICYCLE			CIFC5 COPENHAGEN		
9711						
COPENHAGEN	ART.NO.					
NO. 1-1200	YE803 26'	600	SETS		US$66.00	US$39600.00
	TE600 24'	600	SETS		US$71.00	US$42600.00
				TOTAL		US$82200.00

图 4-23

10. 出单人名称及签字盖章（Signed）

一般由出口商盖上公司印章并签字。如果是信用证支付方式，商业发票只能由信用证中规定的受益人出具，有时来证规定发票要手签的，则不能加盖胶皮签字章，必须手签（如图 4-24 所示）。

COMMERCIAL INVOICE						
SELLER			INVOICE NO.		INVOICE DATE	
GOLDEN SEA TRADING CORP.			JH-FLSINV01		8-Jun-97	
8TH FLOOR, JIN DU BUILDING,			L/C NO.		DATE	
277 WU XING ROAD,			FLS-JHLC01		4-Aug-97	
SHANGHAI, CHINA			ISSUED BY			
			WEST LB (EUROPA) A.G.			
BUYER			CONTRACT NO.		DATE	
F.L.SMIDTH & CO. A/S			JH-FLSSC01		14-Jul-99	
77, VIGERSLEV ALLE,			FROM		TO	
DK-2500 VALBY			SHANGHAI		COPENHAGEN	
COPENHAGEN, DENMARK			SHIPPED BY		PRICE TERM	
			YI XIANG	V307	CIFC5 COPENHAGEN	
MARKS	DESCRIPTION OF GOODS	16)	QTY.	UNIT PRICE		AMOUNT
FLS	FOREVER BRAND BICYCLE			CIFC5 COPENHAGEN		
9711						
COPENHAGEN	ART.NO.					
NO. 1-1200	YE803 26'	600	SETS		US$66.00	US$39600.00
	TE600 24'	600	SETS		US$71.00	US$42600.00
				TOTAL		US$82200.00
				we hereby confirm that one set of non-negotiable		
				docs. has been sent to the applicant		
				packed in 1200 cartons of one set each		
				total 10 40' containers		
			TOTAL GROSS WEIGHT: 39600 KGS			
			TOTAL NET WEIGHT: 33600 KGS			
			ISSUED BY			
			GOLDEN SEA TRADING CORP.			
			SIGNATURE			
				X X X		3copies

图 4-24

三、知识链接：常见信用证商业发票条款及其释义

（1）Signed commercial invoice 3-fold.

该条款要求签署的商业发票一式三份。

（2）5% discount should be deducted from total amount of the commercial invoice.

该条款要求商业发票的总金额须扣除 5%折扣。

（3）Signed commercial invoice in quadruplicate showing a deduction of USD 141.00 being ORC charges.

该条款要求签署的商业发票一式四份，并在商业发票上显示扣除 141 美元的 ORC 费用。

（4）Signed invoice in triplicate, certifying merchandise to be of CHINESE origin.

该条款要求签署的发票一式五份，证明产品的原产地在中国。

（5）Signed commercial invoices in triplicate showing separately FOB value，freight charge，insurance premium，CIF value and country of origin.

该条款要求签署的商业发票一式三份，分开显示 FOB 总值、运费、保险费、CIF 总值和原产地国。

四、拓展提升

请按照如下货物描述，缮制商业发票。

货物描述如表 4-4 所示：2017 年 2 月 6 日从广西柳州林道轻型木结构制造有限公司经船运到韩国仁川（INCHON）YOUNGLIMFORESTRYCO,LTD 公司 。

表 4-4

Marks	Description of Goods	Quantity	Unit price（USD）	Amount（USD）
		立方米 M^3	CFR	仁川
N/M	木门框架			
	（1800-2400）mm×（110-200）mm×（30-40）mm	85.772	510	43743.72
	2100 mm×80 mm×33 mm	16.144	520	8394.88

请根据以上信息完成商业发票（见表 4-5）。

表 4-5

柳州林道轻型木结构制造有限公司				
商业发票				
DATE:				
CONSIGNEE:			MEANS OF TRANSPORTATION:	
FROM:		TO:		
Marks	Description of Goods	Quantity	Unit price（USD）	Amount（USD）
		合计：		
			产地:	
	运费:			

任务四　汇　票

一、知识准备

汇票是国际结汇业务中最重要的支付票据，一项进出口业务只有最终顺利结汇，才能代表该项业务的实现。

（一）汇票的含义

汇票（Bill of Exchange or Draft）是一人签发给另一人的无条件书面命令，要求受票人见票时或于未来某一规定的或可以确定的时间，将一定金额的款项支付给某一特定的人或其指定的人、或持票人的票据。

（二）汇票的作用、分类

汇票在单证中属于金融单据。在进出口业务中，货款的结算通常使用票据，尤其通常是以汇票作为要求付款的凭证。汇票从不同角度主要分成以下几种：

（1）按出票人不同，可分成银行汇票和商业汇票。

（2）按是否附有包括运输单据在内的商业单据，可分为光票和跟单汇票。

（3）按付款日期不同，汇票可分为即期汇票和远期汇票。

（4）按承兑人的不同，汇票只可分成商业承兑汇票和银行承兑汇票。

二、任务实施

汇票具体内容如图 4-25 所示。

		BILL OF EXCHANGE				
No.	JH-FLSINV01					
For	US$82,200.00				SHANGHAI	22-Aug-97
(amount in figure)					(place and date of issue)	
At	30 DAYS		sight of this	FIRST	Bill of exchange(SECOND being unpaid)	
pay to	BANK OF CHINA, SHANGHAI BRANCH					or order the sum of
SAY UNITED STATES DOLLARS EIGHTY TWO THOUSAND TWO HUNDRED ONLY						
			(amount in words)			
Value received for		1200 CARTONS	of	FOREVER BRAND BICYCLE		
Drawn under		WEST LB (EUROPA) A.G.				
L/C No.	FLS-JHLC01			dated	4-Aug-97	
To:	WEST LB (EUROPA) A.G. P.O.BOX 2230 3000 CE COPENHAGEN, THE DANMARK				For and on behalf of	
					GOLDEN SEA TRADING CORP.	
						X X X
						(Signature) 2copies

图 4-25 汇票

以下主要介绍在托收和信用证业务中，由出口商或受益人签发的商业汇票的制作过程及相关事项。

1. 出票条款（Drawn Under）

在信用证项下填开证行名称，托收项下填写 D/P SIGHT（或 D/P AT …DAYS SIGHT 或 D/A AT …DAYS SIGHT），如图 4-26 所示。

L/C No. 处：信用证项下填信用证号码，托收项下不填。

Dated 处：信用证项下填信用证的开证日期，托收项下不填。

BILL OF EXCHANGE

No. JH-FLSINV01

For US$82,200.00 SHANGHAI 22-Aug-97
(amount in figure) (place and date of issue)

At 30 DAYS sight of this FIRST Bill of exchange(SECOND being unpaid)

pay to BANK OF CHINA, SHANGHAI BRANCH or order the sum of

SAY UNITED STATES DOLLARS EIGHTY TWO THOUSAND TWO HUNDRED ONLY
(amount in words)

Value received for 1200 CARTONS of FOREVER BRAND BICYCLE

Drawn under WEST LB (EUROPA) A.G.

L/C No. FLS-JHLC01 dated 4-Aug-97

To: WEST LB (EUROPA) A.G.
P.O.BOX 2230 3000 CE COPENHAGEN, THE DANMARK

For and on behalf of
GOLDEN SEA TRADING CORP.
X X X
(Signature) 2copies

图 4-26

2. 汇票号码（No.）

此栏目有三种填写方法：① 一般填写发票号码，说明该汇票是某发票项下的；② 按本身汇票的顺序编号；③ 空白不填（如图 4-27 所示）。

BILL OF EXCHANGE

No. JH-FLSINV01

For US$82,200.00 SHANGHAI 22-Aug-97
(amount in figure) (place and date of issue)

At 30 DAYS sight of this FIRST Bill of exchange(SECOND being unpaid)

pay to BANK OF CHINA, SHANGHAI BRANCH or order the sum of

SAY UNITED STATES DOLLARS EIGHTY TWO THOUSAND TWO HUNDRED ONLY
(amount in words)

图 4-27

3. 出票地点和日期

出票地点一般应是议付地点。通常位于汇票的右上方，与出票日期相连，出票日期一般填议付日期（如图 4-28 所示）。

BILL OF EXCHANGE

No. JH-FLSINV01

For US$82,200.00 SHANGHAI 22-Aug-97
(amount in figure) (place and date of issue)

At 30 DAYS sight of this FIRST Bill of exchange(SECOND being unpaid)

pay to BANK OF CHINA, SHANGHAI BRANCH or order the sum of

SAY UNITED STATES DOLLARS EIGHTY TWO THOUSAND TWO HUNDRED ONLY
(amount in words)

图 4-28

4. 汇票金额（Amount）

与发票金额一致，由币制和数字组成，分为大写和小写两项内容（如图 4-29 所示）。

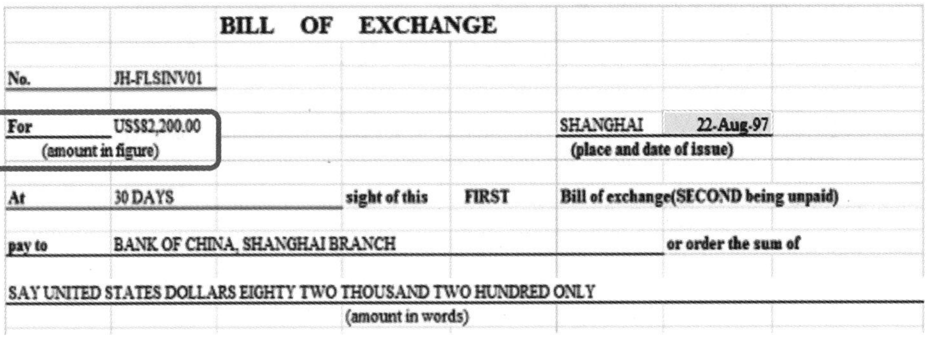

BILL OF EXCHANGE

No. JH-FLSINV01

For US$82,200.00
(amount in figure)

SHANGHAI 22-Aug-97
(place and date of issue)

At 30 DAYS sight of this FIRST Bill of exchange(SECOND being unpaid)

pay to BANK OF CHINA, SHANGHAI BRANCH or order the sum of

SAY UNITED STATES DOLLARS EIGHTY TWO THOUSAND TWO HUNDRED ONLY
(amount in words)

图 4-29

5. 付款期限（Tenor）

具体填写方式如图 4-30 所示。

① 即期付款，在汇票上的付款期限处，打“*”或“–”，如 AT***SIGHT，或 AT–SIGHT。

② 远期付款，在汇票上的付款期限处，填写远期天数和起算期，如 AT 30 DAYS AFTER SIGHT。

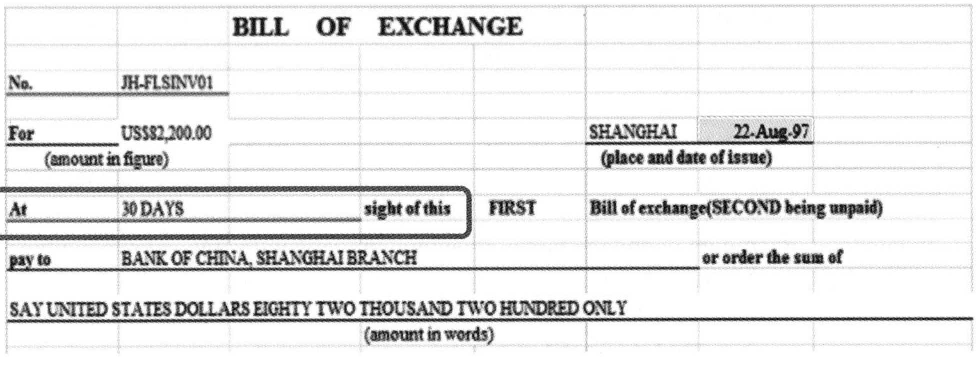

BILL OF EXCHANGE

No. JH-FLSINV01

For US$82,200.00
(amount in figure)

SHANGHAI 22-Aug-97
(place and date of issue)

At 30 DAYS sight of this FIRST Bill of exchange(SECOND being unpaid)

pay to BANK OF CHINA, SHANGHAI BRANCH or order the sum of

SAY UNITED STATES DOLLARS EIGHTY TWO THOUSAND TWO HUNDRED ONLY
(amount in words)

图 4-30

6. 收款人（Payee）

收款人也称抬头人，托收项下填写托收行的名称（出口国银行），信用证业务一般填写议付行的名称，并写“凭议付行指示”（To order of × ×bank）（如图 4-31 所示）。

BILL OF EXCHANGE

No. JH-FLSINV01

For US$82,200.00 SHANGHAI 22-Aug-97

(amount in figure) (place and date of issue)

At 30 DAYS sight of this FIRST Bill of exchange(SECOND being unpaid)

pay to BANK OF CHINA, SHANGHAI BRANCH or order the sum of

SAY UNITED STATES DOLLARS EIGHTY TWO THOUSAND TWO HUNDRED ONLY

(amount in words)

图 4-31

7. 付款人（Drawee）

一般位于汇票的左下角，即“TO（付款人）”。付款人名称、地址必须填写完整。托收业务一般填写买方（进口人），信用证业务一般填写开证行（如图 4-32 所示）。

BILL OF EXCHANGE

No. JH-FLSINV01

For US$82,200.00 SHANGHAI 22-Aug-97

(amount in figure) (place and date of issue)

At 30 DAYS sight of this FIRST Bill of exchange(SECOND being unpaid)

pay to BANK OF CHINA, SHANGHAI BRANCH or order the sum of

SAY UNITED STATES DOLLARS EIGHTY TWO THOUSAND TWO HUNDRED ONLY

(amount in words)

Value received for 1200 CARTONS of FOREVER BRAND BICYCLE

Drawn under WEST LB (EUROPA) A.G.

L/C No. FLS-JHLC01 dated 4-Aug-97

To: WEST LB (EUROPA) A.G.

P.O.BOX 2230 3000 CE COPENHAGEN, THE DANMARK

For and on behalf of

GOLDEN SEA TRADING CORP.

X X X

(Signature) 2copies

图 4-32

8. 出票人（Drawer）

一般位于汇票的右下角。通常填写出口人全称且有负责人的签字或盖章。

		BILL OF EXCHANGE					
No.	JH-FLSINV01						
For	US$82,200.00				SHANGHAI	22-Aug-97	
(amount in figure)					**(place and date of issue)**		
At	30 DAYS		**sight of this**	**FIRST**	**Bill of exchange(SECOND being unpaid)**		
pay to	BANK OF CHINA, SHANGHAI BRANCH					**or order the sum of**	
SAY UNITED STATES DOLLARS EIGHTY TWO THOUSAND TWO HUNDRED ONLY							
			(amount in words)				
Value received for		1200 CARTONS	**of**	FOREVER BRAND BICYCLE			
Drawn under		WEST LB (EUROPA) A.G.					
L/C No.	FLS-JHLC01			**dated**	4-Aug-97		
To:	WEST LB (EUROPA) A.G.				**For and on behalf of**		
	P.O.BOX 2230 3000 CE COPENHAGEN, THE DANMARK						
					GOLDEN SEA TRADING CORP.		
						X X X	
						(Signature)	**2copies**

图 4-33

三、知识链接

BILL OF EXCHANGE 跟单信用证项下的汇票

凭　　　　　　　　　　　　　　信用证
Drawn under…………………………L/C NO. …………….

日期
Dated…………………………支取 Payable with interest @__%__按__息__付款

号码　　　　汇票金额
NO.……………… Exchange for　　　　　　　　　　Shanghai
20……见票……日后（本汇票之正本未付）付交　　上海

At………sight of this Second of Exchange（First of Exchange being unpaid）
Pay to the order of………….………….………….…………

金额
the sum of

此致：
敬礼
To……………………………………………………………………………………………………
……………………………………

BILL OF EXCHANGE 托收项下的汇票

号码　　　　　汇票金额
No…………….…………….　　　　　　Exchange for　　　　　　Shanghai
上海

At……　sight of this FIRST of Exchange (Second of Exchange being unpaid)
见票 20 ……日后（本汇票之正本未付）付交
pay to the order of…………….…………….…………….…………

金额
the sum of

此致：
敬礼
To…………….……………………….…………….….
…………….…………….…………….…………….

四、拓展提升

天津美美服饰有限公司于 2011 年 3 月 12 日收到澳大利亚 M/S EVINCE GARMENTS LTD. 开来的 SWIFT 信用证缮制形式发票。信用证相关条款如下所示。

信用证相关信息：

27 SEQUENCE OF TOTAL

1/1

40A FORM OF L/C

IRREVOCABLE

20 DOCUMENT CREDIT NO

100310060091

31C DATE OF ISSUE

110310

31D DATE AND PLACE OF EXPIRE

110507 CHINA

50 APPLIANT

M/S. EVINCE GARMENTS LTD.

PLOT NO.33. SECTION-7,

MIRPUR, DHAKA-1216, AUSTRALIA

59 BENEFICIARY

TIANJIN MEIMEI DRESS CO.,LTD.

HAGUGANG TOWN,WUQING DISTRICT,

TIANJIN CHINA P.C.301721

32B CURRENCY CODE,AMOUNT

USD9576.00

39B MAXIMUM CREDIT AMOUNT

NOT EXCEEDING

41D AVAILABLE WITH,.BY

ANY BANK IN CHINA

BY NEGOTIATION

43P PRATIAL SHIPMENT

ALLOWED

43T TRANSSHIPMENT

ALLOWED

44E PORT OF LOAD/AIR OF

FORM TIANJIN/CHINA SEAPORT/AIRPORT

44F PORT OF DISCHARGE/AIR OF

BELL BAY/AUSTRALIA BY SEA

44C LATEST DATE OF SHIPMENT

110423

45A DESCRIPTION OF GOODS

POLYESTER FIBER OF MEN'S SUITS

CONTRACT NO.TGBA2011 QUANTITY 2800（PCS）AT USD3.00/PC

CIF BELL BAY

46A DOCUMENTS REQUIRED

YOUR SIGNED INVOICE & PACKING LIST IN OCTUBLICATE CERTIFYING MERCHANDISE TO BE OF CHINA ORIGIN

FULL SET OF CLEAN SHIPPED ON BOARD OCEAN BILL OF LADING

47A 3PCT MORE IN QUANTITY/AMOUNT OF ALL PIECE GOODS IS ACCEPTED

48 PERIOD FOR PRESENTATION 15 DAYS

60 TERMS OF PAYMENT

120 DAYS FROM THE DATE OF NEGOTIATION

补充信息：

2011 年 4 月 13 日签发编号为 TGBA2011-1 的发票。在生产完工后，包箱称重得实装总数 2737PCS、总毛重 611KGS 及总净重 587KGS，共计 300 箱，形成装箱明细。请根据 SWIFT 信用证和备注信息，填制发票。

其中：INSURANCE、VALIDITY、ADVISING BANK、NEGOTIATING BANK 四个栏目本案例不填写。

INVOICE（形式发票）单据填写说明：

（1）ISSUER：发行人、签单人即出口商。此栏目按合同和信用证的规格填写出口商名称和地址的英文全称。答题时名称和地址需要按照题干中格式分行填写，此栏要求填写具体并正确。

（2）TO：买方、进口商名称和地址，此栏必须与信用证申请人严格一致（除非信用证另有规定）。在其他支出方式下，可以按合同规定列入买方英文名称和地址。答题时名称和地址需要按照题干中格式分行填写，此栏要求填写具体并正确。

（3）TRANSPORT DETAILS：

起运地，按信用证规定填写，并与提单所列明的一致。

目的地，按信用证填写，同时要注意目的地的规定要明确具体，不能笼统；有重名的目的地后面要加打国别。

此处填写格式为：FROM...TO...BY 运输方式，例如海洋运输从上海港（SHANGHAI）到日本神户（KOBE），则此处填写为 FROM SHANGHAI/CHINA TO KOBE/JAPAN BY SEA。

（4）NO.：此处填写发票编号即可。

（5）DATE：此处填写签发发票的日期。按照实际签发日期填写即可。填写标准为日、月、年。例如 2011 年 1 月 10 日，则填写格式为：2011-01-10。

（6）S/C NO：销售确认书编号与信用证上列明的一致，可依据信用证直接填写。一笔交易牵涉多个合同的，应在发票上表示出来。

（7）L/C NO：信用证方式下的发票需填写信用证号码，作为出具该发票的依据。若不是信用证方式支付，本项留空。此处直接填写信用证号码即可。

（8）TERMS OF PAYMENT：付款条件可依据信用证填写，信用证对其有明确的规定，一般约定为在承兑……个工作日内完成付款。例如，信用证规定在承兑 60 个工作日内完成付款，即填写规则为：60 DAYS FROM THE DATE OF NEGOTIATION。

（9）Marks and Numbers：填写货物外包装上的运输标记。按信用证的内容填写，应与提单上所记载的标记一致，特别要同刷在货物外包装上的实际标记符号相同。若没有特殊说明，则填写“N/M”。

（10）Description Of Goods：货物内容一般包括货物的名称、规格、数量、单价、贸易术语、包装等项目，制单时应与信用证的内容严格一致，省略或增加货物的字或句，都会造成单证不符，开证银行有权拖延或拒付货款。

（11）Number and kind of package：填写本批货物运输的实际包装件数及种类，可依据装箱单填写，实际装箱数量与销售确认书约定的商品数量有时候会有出入，按照实际装箱数量填写。填写标准为："商品数量" + "包装种类简写"。例如，20 打，则填写为："20DOZ"。

（12）Quantity：本栏目填写与 Number and kind of package 一致。填写货物的包装件数、商品规格、重量及包装情况。货物的数量，与计量单位连用，如：×××× PCS。货物包装的实际情况应如实地反映在发票上，如有内包装，亦应原句照填。

（13）Unit Price：单价由四个部分组成：计价货币、计量单位、单位数额和价格术语。如果信用证有规定，应与信用证保持一致；若信用证没规定，则应与合同保持一致。填写规则为："价格条款" + "装/卸港" + "单位数额" + "计量单位"。单位数额由货币数量和币种组成，计量单位与单位数额之间用"/"隔开。例如：CFR KOBE USD5.00/PC。

（14）Amount：列明币种及各项商品总金额。除非信用证上另有规定，货物总值不能超过信用证金额。若信用证没规定，则应与合同保持一致。一般为商品单价乘以商品总量所得，填写价格总额由货币币种和价格数量构成，例如，总金额为 23 美元，此处填写"USD23.00"。

（15）Total:此栏目填写商品总数量。一般为装箱的实际运输包装数量，即实际包装数量，可依据装箱单填写。填写内容为"数量" + "包装单位"。例如：实际包装数量为 23 箱，则此处填写为"23CAR"。

（16）SAY TOTAL：此栏目填写为本次交易商品的总金额大写，一般填写以"SAY" + "货币数额" + "货币币种" + "ONLY"格式。例如：23 美元，即填写"SAY *** THOUSAND *** HUNDRED AND *** USD ONLY"。

（17）PORT TO LOADING:此处填写本次运输货物的装运港，一般在销售确认书、信用证等单证上都有约定。直接填写装运港即可。例如：装运港为上海港，则此处填写"SHANGHAI"。

（18）PORT OF DESTINATION：此处填写本次运输货物的最终目的港，一般在销售确认书、信用证等单证上都有约定。直接填写卸货港即可。例如：卸货港为上海港，则此处填写"SHANGHAI"。

（19）TIME OF DELIVERY:此处填写为交货时间，可依据信用证和销售合同填写此栏，一般直接填写具体的天"XXX DAYS"即可。例如 3 天,即填写"3 DAYS"。

（20）BENEFICIARY：受益人，此处可直接依据信用证填写受益人的名称，一般为出口商公司名称。例如受益人为：天津华伦纺织有限公司，信用证说明为：TIANJIN HUALUN TEXTILE CO.,LTD.则此处填写"TIANJIN HUALUN TEXTILE CO.,LTD."。

任务五　普惠制产地证书

一、知识准备

普惠制证书是发达国家对发展中国家和地区出口产品给予的一种普遍的、非歧视的、非互惠的优惠关税待遇制度。目前对我国实行“普惠制”的国家主要是欧盟所属国家、北欧国家、东欧国家、日本、澳大利亚、新西兰和加拿大等国。凡是我国出口到上述国家的产品，只要符合普惠制原产地规则，即可申请签发优惠产地证书，平均关税优惠率在 8%左右。

普惠制产地证亦称“普遍优惠关税格式 A”“联合国格式 A”“产地证明书格式 A”或“发展中国家产地证明书”。它是在普通优惠关税制度下，优惠授予国（发达国家）为预防进口货物冒用关税优惠待遇，并确定货物确实来自受惠国（发展中国家），而规定进口商在进口报关时所必须提交的一种特殊格式的产地证明书。在中国，这种普惠制产地证适用于一般商品，由进出口公司填制，经中国进出口商品检验局签证出具。

二、任务实施：普惠制产地证书填制

普惠制产地证书具体内容如表 4-6 所示。

表 4-6　普惠制产地证书

1. Exporter: SHANGHAI GARMENTS IMPORT AND EXPORT CO., LTD. 309 ZHONG SHAN DONG YI ROAD SHANGHAI CHINA	Certificate No. SH/09/SG-0214 **CERTIFICATE OF ORIGIN OF THE PEOPLE'S REPUBLIC OF CHINA**
2. Consignee: POWER PLAY INC. 2ND FLOOR, NO. 137E, 33RD STREET, LOS ANGELES, CA. 90011 U. S. A.	
3. Means of transport and route SEA FREIGHT FROM SHANGHAI TO LONG BEACH CA USA	5. For certifying authority use only
4. Country / region of destination U. S. A.	

续表

6. Marks & Nos.	7. Number and kind of packages; Description of goods	8. H. S. Code	9. Quantity	10. Numbers and Date of Invoice
POWER PLAY	TWO HUNDRED AND EIGHTY FIVE（285）	63.02	3420SETS	09SG11-301
PS08E12F15	CARTONS OF MEN'S SHIRT AND PANT			03 FEB 2009
LONG BEACH	**************			
NO. 1-285	REMARK:			
	CREDIT NO. 306M086905			

11. Declaration by the exporter The undersigned hereby declares that the above details and statements correct, that all the goods were produced in China and that they comply with the Rules of Origin of the people's Republic of China	12. Certification It is hereby that the declaration by the exporter is correct.
上海服装进出口有限公司（章） SHANGHAI GARMENTS I/E CO LTD	上海市 贸促会（商会）
洪星（手签） SHANGHAI 12 FEB, 2009 Place and date, signature and stamp of authorized signatory	姚望（手签） SHANGHAI 13 FEB., 2009 Place and date, signature and stamp of certifying authority

1. 发货人（出口商名称，详细地址和国别）[Goods Consigned from（Exporter's Business Name，Address，Country）]

按实际情况详细填写，若属信用证项下，应与规定的受益人名称、地址和国别一致，如图 4-34 所示。

1. Exporter: SHANGHAI GARMENTS IMPORT AND EXPORT CO., LTD. 309 ZHONG SHAN DONG YI ROAD SHANGHAI CHINA	**Certificate No.** SH/09/SG-0214
2. Consignee: POWER PLAY INC. 2ND FLOOR, NO. 137E, 33RD STREET, LOS ANGELES, CA. 90011 U. S. A.	**CERTIFICATE OF ORIGIN** **OF** **THE PEOPLE'S REPUBLIC OF CHINA**
3. Means of transport and route SEA FREIGHT FROM SHANGHAI TO LONG BEACH CA USA	**5. For certifying authority use only**

图 4-34

2. 收货人（收货人名称、详细地址和国别）[Goods Consigned to（Consignee's Name，Address，Country）]

填写实际给惠国的最终目的地收货人名称、详细地址和国别，不得填中间商的名址（如图 4-35 所示）。而且填写时必须注意：

① 信用证无其他规定时，收货人一般即是开证申请人。

② 若信用证申请人不是实际收货人，而又无法明确实际收货人时，可以提单的被通知人作为收货人。

③ 如果进口国为欧盟成员国，本栏允许不填。

1. Exporter: SHANGHAI GARMENTS IMPORT AND EXPORT CO., LTD. 309 ZHONG SHAN DONG YI ROAD SHANGHAI CHINA	**Certificate No.** SH/09/SG-0214
2. Consignee: POWER PLAY INC. 2ND FLOOR, NO. 137E, 33RD STREET, LOS ANGELES, CA. 90011 U. S. A.	**CERTIFICATE OF ORIGIN** **OF** **THE PEOPLE'S REPUBLIC OF CHINA**
3. Means of transport and route SEA FREIGHT FROM SHANGHAI TO LONG BEACH CA USA	**5. For certifying authority use only**

图 4-35

3. 运输方式和路线（就所知而言）[Means of Transport and Route（as far as known）]

要求填列运输工具、起运港和目的地（目的港），应注意与其他单据保持一致；如需中途转运，也应注明（如图 4-36 所示）。

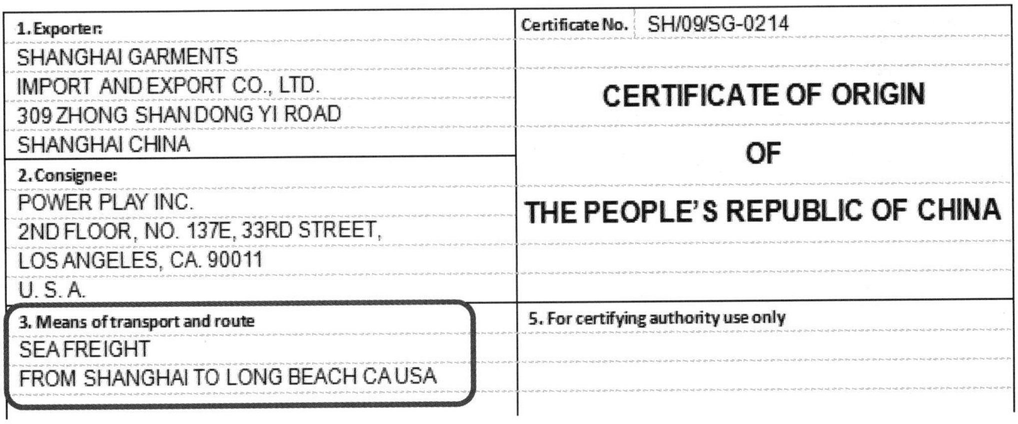

1.Exporter:
SHANGHAI GARMENTS
IMPORT AND EXPORT CO., LTD.
309 ZHONG SHAN DONG YI ROAD
SHANGHAI CHINA

2.Consignee:
POWER PLAY INC.
2ND FLOOR, NO. 137E, 33RD STREET,
LOS ANGELES, CA. 90011
U. S. A.

3. Means of transport and route
SEA FREIGHT
FROM SHANGHAI TO LONG BEACH CA USA

Certificate No. SH/09/SG-0214

CERTIFICATE OF ORIGIN
OF
THE PEOPLE'S REPUBLIC OF CHINA

5. For certifying authority use only

图 4-36

4. 项目号（Item Number）

填列商品项目，有几项则填几项。如果只有单项商品，仍要列明项目“1”；如果商品品名有多项，则必须按“1、2、3……”分行列出。

5. 供官方使用（For Official Use）

即由进出口商检局填注。正常情况下，此栏空白（如图 4-37 所示）。商检局主要有两种情况下填注：一是后补证书，则加盖“Issued Retrospectively”（后发）的红色印章；二是原证丢失，该证系补签，则此栏要加盖“Duplicate”并声明原证作废。但需注意的是，日本一般不接受后发证书。

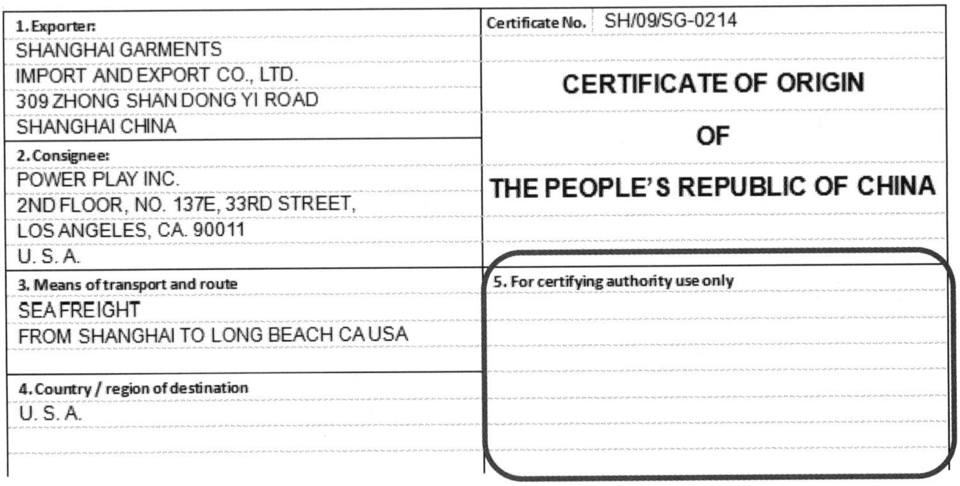

1.Exporter:
SHANGHAI GARMENTS
IMPORT AND EXPORT CO., LTD.
309 ZHONG SHAN DONG YI ROAD
SHANGHAI CHINA

2.Consignee:
POWER PLAY INC.
2ND FLOOR, NO. 137E, 33RD STREET,
LOS ANGELES, CA. 90011
U. S. A.

3. Means of transport and route
SEA FREIGHT
FROM SHANGHAI TO LONG BEACH CA USA

4.Country / region of destination
U. S. A.

Certificate No. SH/09/SG-0214

CERTIFICATE OF ORIGIN
OF
THE PEOPLE'S REPUBLIC OF CHINA

5. For certifying authority use only

图 4-37

6. 唛头及包装号码（Marks and Numbers of Packages）

应注意与发票、提单、保险单等单据保持一致。即使没有唛头，也应注明“N/M”，不得留空（如图 4-38 所示）。

6. Marks & Nos.	7. Number and kind of packages; Description of goods	8. H. S. Code	9. Quantity	10. Numbers and Date of Invoice
POWER PLAY	TWO HUNDRED AND EIGHTY FIVE(285)	63.02	3420SETS	09SG11-301
PS08E12F15	CARTONS OF MEN'S SHIRT AND PANT			03 FEB 2009
LONG BEACH	**************			
NO. 1-285	REMARK:			
	CREDIT NO. 306M086905			

图 4-38

7. 包装数量、种类和商品名称（Number and kind of Packages，Description of Goods）

应填写三项内容：

① 最大包装件数，包括大、小写两种方式。

② 商品名称。最大包装件数与商品名称用“OF”连接，譬如“Forty Seven Cartons of Men’s T-shirt”（47 箱男士 T 恤）。

③ 使用“***”将上述内容的下一行填满，以防伪加其他内容。填写此栏时应注意与发票保持一致。

具体如图 4-39 所示。

6. Marks & Nos.	7. Number and kind of packages; Description of goods	8. H. S. Code	9. Quantity	10. Numbers and Date of Invoice
POWER PLAY	TWO HUNDRED AND EIGHTY FIVE(285)	63.02	3420SETS	09SG11-301
PS08E12F15	CARTONS OF MEN'S SHIRT AND PANT			03 FEB 2009
LONG BEACH	**************			
NO. 1-285	REMARK:			
	CREDIT NO. 306M086905			

图 4-39

8. 商品编码（H.S. CODE）。

一般填写 4 位数的 H.S.编码（商品分类和编码协调制度税目号）。该编码须准确无误，与报关单保持一致（如图 4-40 所示）。

6. Marks & Nos.	7. Number and kind of packages; Description of goods	8. H. S. Code	9. Quantity	10. Numbers and Date of Invoice
POWER PLAY	TWO HUNDRED AND EIGHTY FIVE(285)	63.02	3420SETS	09SG11-301
PS08E12F15	CARTONS OF MEN'S SHIRT AND PANT			03 FEB 2009
LONG BEACH	**************			
NO. 1-285	REMARK:			
	CREDIT NO. 306M086905			

图 4-40

9. 毛重或其他数量（Gross Weight or Other Quantity）

填列实际毛重与提单上毛重保持一致。其他数量是指本栏可加填货物的数量。一般以毛重计量的货物填毛重即可；如果只有净重的，也可以填净重，但必须注明（如图 4-41 所示）。

6. Marks & Nos.	7. Number and kind of packages; Description of goods	8. H. S. Code	9. Quantity	10. Numbers and Date of Invoice
POWER PLAY	TWO HUNDRED AND EIGHTY FIVE(285)	63.02	3420SETS	09SG11-301
PS08E12F15	CARTONS OF MEN'S SHIRT AND PANT			03 FEB 2009
LONG BEACH	**************			
NO. 1-285	REMARK:			
	CREDIT NO. 306M086905			

图 4-41

10. 发票号码及日期（Number and Date of Invoices）

按发票上的实际号码及日期填列保持完全一致。日期中月份要求用缩写，不能用阿拉伯数字表示月份，以免混淆（如图 4-42 所示）。

6. Marks & Nos.	7. Number and kind of packages; Description of goods	8. H. S. Code	9. Quantity	10. Numbers and Date of Invoice
POWER PLAY	TWO HUNDRED AND EIGHTY FIVE(285)	63.02	3420SETS	09SG11-301
PS08E12F15	CARTONS OF MEN'S SHIRT AND PANT			03 FEB 2009
LONG BEACH	**************			
NO. 1-285	REMARK:			
	CREDIT NO. 306M086905			

图 4-42

11. 出口商声明（Declaration by the Exporter）

需填列三个项目：

① 生产国别；

② 进口国别；

③ 出口商申请日期、地点及签章。

对欧盟国家出口，信用证明确最终进口国别时，可以填“欧盟”（European Union）。此外，所有正副本证书，出口商都要在此栏盖章、签字（不得重叠），并填上地点和日期（不得早于发票日期）。

具体如图 4-43 所示。

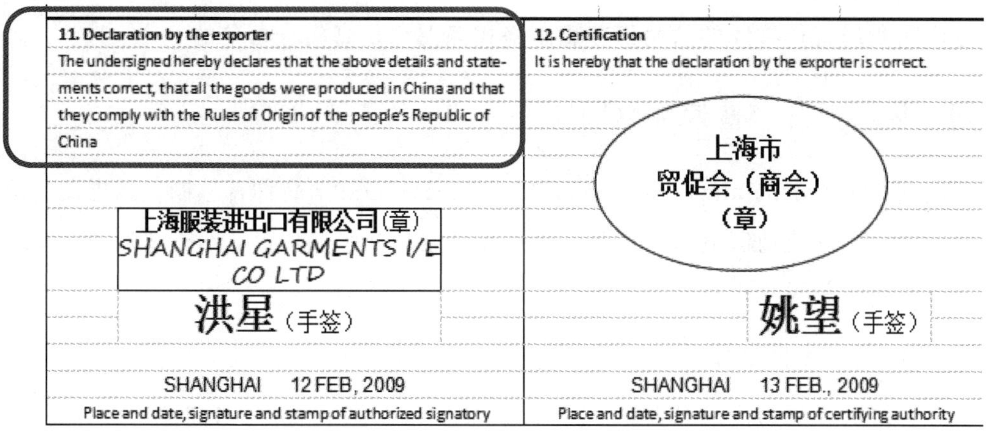

图 4-43

12. 签证当局证明（Certification）

此栏由签发此证的商检局盖章、授权人手签，并填列出证日期和地点。注意日期不得早于第 10 栏的发票日期和第 12 栏的申请日期，也不得晚于提单的装运日期。盖章与手签两者不得重叠。本证书只在正本上签章（如图 4-44 所示）。

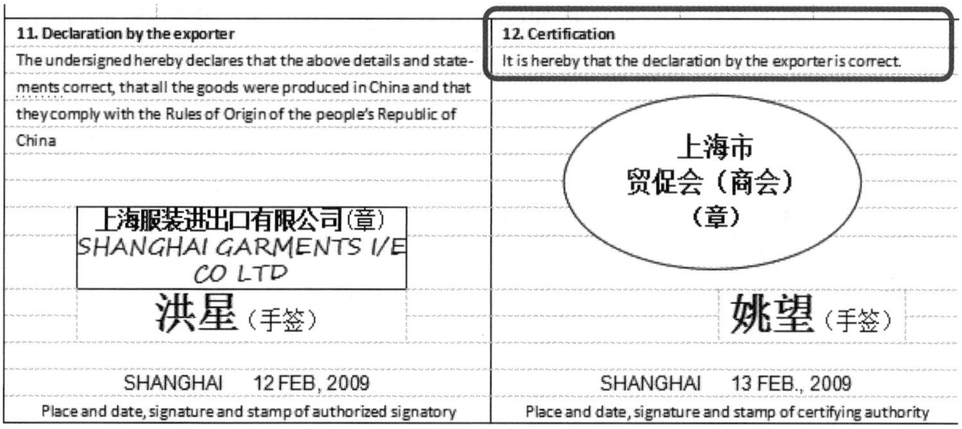

图 4-44

三、知识链接

（1）It is advisable for you to apply for a GSP Form A to save the cost of import duty.

为了节约进口关税，你们可以申请普惠制原产地证书。

（2）Another thing is to do a general certificate of origin and GSP certificate, we must do.

另一件事是做一般产地证的和普惠制证书，我们必须去做。

（3）This in certify that these two copies of GSP Certificates Form A issued by the official of our bureau are true and reliable.

兹证明我局官员签发的这两份普惠制格式证书均是真实、可信的。

四、拓展提升：普遍优惠制简介

普遍优惠制（Generalized System of Perferences—GSP）简称普惠制，是指发达国家对从发展中国家或地区输入的商品，特别是制成品和半制成品，给予普遍的、非歧视的和非互惠的关税优惠待遇。

1. 进口商品的税率标准

世界各国对于进口商品都要征收关税。但就同一个国家而言，对同样的进口商品，由于其原产地不同，征税的税率并不是完全相同的。发达国家对进口商品征税至少有三种税率标准：一般税率、最惠国待遇税率、普惠制税率。

一般税率通常是针对没有正常的外交或贸易关系的国家的。最惠国待遇税率通常适用于具有正常贸易关系的国家，这是国家之间互相给予对方的正常关税待遇。一般来说，如果进口商品按一般税率征收关税，由于税率太高，商品在市场上的竞争力将被大大削弱，因此大多数能长期维持的国际贸易在进口国家都是受到最惠国待遇。而普惠制税率是比最惠国待遇税率更低的一种税率。

2. 普惠制在我国的基本情况

普惠制全称为普遍优惠制度（Generalized System of Preferences，GSP）。按照普惠制的原则，所有发达国家（普遍的）对于原产于所有发展中国家（非歧视的）的商品，在最惠国待遇的基础上，对进口关税再进行削减或免除。普惠制的给予不要求受惠国对给惠国做出任何减免关税的回报（非互惠的）。目前普惠制的给惠国有 42 个。对中国给惠的有 41 个，包括欧洲联盟 28 个成员国，即比利时、丹麦、英国、德国、法国、爱尔兰、意大利、卢森堡、荷兰、希腊、葡萄牙、西班牙、奥地利、芬兰、瑞典、波兰、捷克、斯洛伐克、拉脱维亚、爱沙尼亚、立陶宛、匈牙利、马耳他、塞浦路斯、斯洛文尼亚、保加利亚、罗马尼亚、克罗地亚；以及挪威、瑞士、日本、加拿大、澳大利亚、新西兰、俄罗斯、白俄罗斯、乌克兰、哈萨克斯坦、土耳其、列支敦士登公国等。有 1 个给惠国不对中国给惠，即美国。

为使普惠制所给予的优惠落实到原产于受惠国的商品，享受普惠制待遇的产品，必须原产于受惠国（原产地准则）、由受惠国直接运输至给惠国（直运规则）、在向给惠国海关报关时提供普惠制产地证（书面证明）。在我国普惠制产地证曾由各地商检局签发，现在由检验检疫局签发。

3. 普惠制的重要作用

普惠制是一项提高发展中国家商品在国际市场的竞争力、鼓励其出口的国际贸易优惠政策。在外向型经济中，对于出口商品生产和经营企业来说，如何用好用足普惠制这一国际贸易优惠政策是值得深入研究的重大课题。

1968 年第二届联合国贸易与发展会议上通过了建立普惠制的决议，自其实施以来，世界上约有 170 余个发展中国家和地区作为受惠国，积极利用普惠制扩大向发达国家的出口，加速经济增长，取得了明显的成效。根据联合国的有关资料，发达国家从发展中国家的优惠进口，1978 年比 1972 年增长 14 倍，由 10 亿美元增长到 150 亿美元。1980 年与 1976 年相比，经合组织从受惠国进口总值增加了 54.8%，列入普惠制项下可享受优惠的进口额增加了 112.7%，受惠国实际享受优惠额增加了 132.1%。这说明普惠制优惠进口是发达国家从受惠国进口总值增加的一个重要因素，因为普惠制优惠进口的增幅大大超过了进口总值的增幅。

最典型的例子是亚洲“四小龙”。中国香港、中国台湾、新加坡和韩国在 20 世纪 70 年代非常重视普惠制的利用，分别设立组织机构，制定相应的管理制度，并采取了一系列有力的措施。充分利用普惠制成为使其经济腾飞的一个重要因素。

任务六　原产地证书

一、知识准备

原产地证（Certificate of Origin，C/O）是指出口商应进口商要求而提供的由公证机构、政府或出口商出具的证明货物原产地或制造地的一种文件，是证明货物原产于某一特定国家或地区，享受进口国正常关税（最惠国）待遇的证明文件。它的适用范围是征收关税、贸易统计、保障措施、歧视性数量限制、反倾销和反补贴、原地产标记、政府采购等方面。

在进口清关时，出示 C/O 一般原产地证，货物仅享受普通税率征税。只有双方国家签有享受最惠国待遇的前提下，出示 C/O 一般原产地证，货物才可享受按最惠国税率征税。

二、任务实施：原产地证明书的填制

原产地证书具体内容如图 4-45 所示。

ORIGINAL

Goods consigned from (Exporter's business name, address, country) GOLDEN SEA TRADING CORP. 8TH FLOOR, JIN DU BUILDING, 277 WU XING ROAD, SHANGHAI, CHINA	Reference No. JH-FLSFMA01 GENERALIZED SYSTEM OF PREFERENCES CERTIFICATE OF ORIGIN (Combinced declaration and certificate) FORM A
Goods consigned to (Consignee's name, address, country) F.L.SMIDTH & CO. A/S 77, VIGERSLEV ALLE, DK-2500 VALBY COPENHAGEN, DENMARK	Issued in THE PEOPLE'S REPUBLIC OF CHINA (country) See Notes overleaf
Means of transport and route (as far as known) FROM SHANGHAI TO COPENHAGEN BY SEA	For official use

Item number	Marks and numbers of packages	Number and Kind of packages; description of goods	Origin criterion (see Notes	Gross weight or other	Number and date of invoices
1	FLS 9711 COPENHAGEN NO. 1-1200	ONE THOUSAND AND TWO HUNDRED (1200)CARTONS OF BICYCLES	"P"	39600 KGS	JH-FLSINV01 AUG 1ST,97

Certification It is hereby certified, on the basis of control carried out, that the declaration by the exporter is correct. SHANGHAI IMPORT AND EXPORT COMMODITY INSPECTION BUREAU SHANGHAI x x x 1999-8-14 Place and date. signature and stamp of certifying authority	**Declaration by the exporter** The undersigned hereby declares that the above details and statements are correct; that all the goods were produced in CHINA (country) and that they comply with the origin requirements specified for those goods in the Generalized System of Preferences for goods exported to COPENHAGEN,DENMARK (importing country) GOLDEN SEA TRADING CORP. SHANGHAI 6-Aug-99 X X X (signature) Place and date. signature and stamp of certifying authority

2 COPIES

图 4-45 原产地证明书

原产地证明书也用英文或其他外文填写，方法与普惠制产地证书的填写方法基本相同，具体如下。

1. 出口方（EXPORTER）

本栏一般填写合同的卖方或发票出票人（包括其详细名称和地址），不得使用印章或留空（如图 4-46 所示）。

ORIGINAL

Goods consigned from (Exporter's business name, address, country) GOLDEN SEA TRADING CORP. 8TH FLOOR, JIN DU BUILDING, 277 WU XING ROAD, SHANGHAI, CHINA	Reference No. JH-FLSFMA01 GENERALIZED SYSTEM OF PREFERENCES CERTIFICATE OF ORIGIN (Combinced declaration and certificate) FORM A Issued in THE PEOPLE'S REPUBLIC OF CHINA (country) See Notes overleaf
Goods consigned to (Consignee's name, address, country) F.L.SMIDTH & CO. A/S 77, VIGERSLEV ALLE, DK-2500 VALBY COPENHAGEN, DENMARK	
Means of transport and route (as far as known) FROM SHANGHAI TO COPENHAGEN BY SEA	For official use

图 4-46

2. 收货方（CONSIGNEE）

本栏填写最终收货人（合同的买方或信用证规定的收货人）的名称、地址。在信用证规定或其他贸易需要时也可打“TO ORDER”或“TO WHOM IT MAY CONCERN”（如图 4-47 所示）。

ORIGINAL

Goods consigned from (Exporter's business name, address, country) GOLDEN SEA TRADING CORP. 8TH FLOOR, JIN DU BUILDING, 277 WU XING ROAD, SHANGHAI, CHINA	Reference No. JH-FLSFMA01 GENERALIZED SYSTEM OF PREFERENCES CERTIFICATE OF ORIGIN (Combinced declaration and certificate) FORM A Issued in THE PEOPLE'S REPUBLIC OF CHINA (country) See Notes overleaf
Goods consigned to (Consignee's name, address, country) F.L.SMIDTH & CO. A/S 77, VIGERSLEV ALLE, DK-2500 VALBY COPENHAGEN, DENMARK	
Means of transport and route (as far as known) FROM SHANGHAI TO COPENHAGEN BY SEA	For official use

图 4-47

3. 运输方式和路线（MEANS OF TRANSPORT AND ROUTE）

此栏填写实际的运输方式及路线。如陆海联运由北京经香港到新加坡，可填“SHIPMENT FROM BEIJING TO SINGAPORE VIA HONGKONG BY LAND/SEA”，应与提单一致（如图 4-48 所示）。

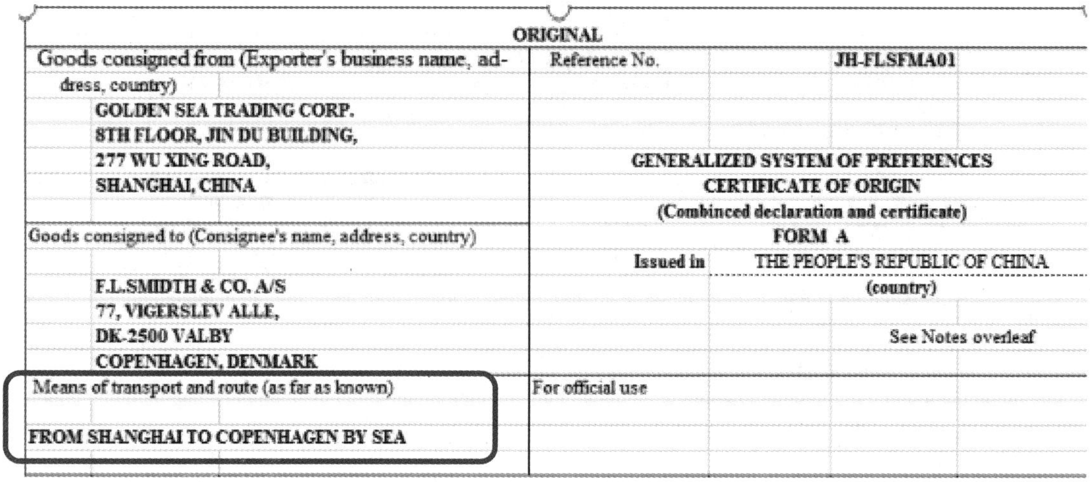

ORIGINAL

Goods consigned from (Exporter's business name, address, country)

GOLDEN SEA TRADING CORP.
8TH FLOOR, JIN DU BUILDING,
277 WU XING ROAD,
SHANGHAI, CHINA

Reference No. JH-FLSFMA01

GENERALIZED SYSTEM OF PREFERENCES
CERTIFICATE OF ORIGIN
(Combinced declaration and certificate)
FORM A
Issued in THE PEOPLE'S REPUBLIC OF CHINA
(country)
See Notes overleaf

Goods consigned to (Consignee's name, address, country)

F.L.SMIDTH & CO. A/S
77, VIGERSLEV ALLE,
DK-2500 VALBY
COPENHAGEN, DENMARK

Means of transport and route (as far as known)

FROM SHANGHAI TO COPENHAGEN BY SEA

For official use

图 4-48

4. 目的港（DESTINATION PORT）

此处指货物最终运抵港，不能填写中间商国家名称。这里的最终港，即最终进口国，一般与最终收货人或最终目的港所在国一致。

5. 仅供签证机构使用（FOR CERTIFYING AUTHORITY USE ONLY）

此栏出口申报人免填。一般由签证机构根据需要加注如：“证书丢失，重新补发，声明××号证书作废”等内容（如图 4-49 所示）。

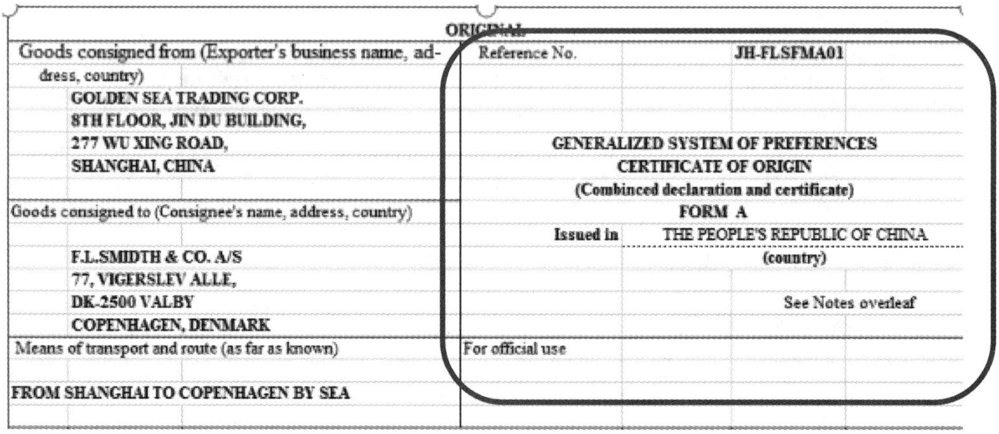

ORIGINAL

Goods consigned from (Exporter's business name, address, country)

GOLDEN SEA TRADING CORP.
8TH FLOOR, JIN DU BUILDING,
277 WU XING ROAD,
SHANGHAI, CHINA

Reference No. JH-FLSFMA01

GENERALIZED SYSTEM OF PREFERENCES
CERTIFICATE OF ORIGIN
(Combinced declaration and certificate)
FORM A
Issued in THE PEOPLE'S REPUBLIC OF CHINA
(country)
See Notes overleaf

Goods consigned to (Consignee's name, address, country)

F.L.SMIDTH & CO. A/S
77, VIGERSLEV ALLE,
DK-2500 VALBY
COPENHAGEN, DENMARK

Means of transport and route (as far as known)

FROM SHANGHAI TO COPENHAGEN BY SEA

For official use

图 4-49

6. 运输标志（MARKS AND NUMBERS OF PACKAGES）

此栏应按发票或提单所列运输标志（唛头）填写。运输标志过长填不下时，可占用 7、8、9、10 栏空白处。无运输标志填 N/M（如图 4-50 所示）。

FROM SHANGHAI TO COPENHAGEN BY SEA					
Item number	Marks and numbers of packages	Number and Kind of packages; description of goods	Origin criterion (see Notes	Gross weight or other	Number and date of invoices
1					
	FLS 9711 COPENHAGEN NO. 1-1200	ONE THOUSAND AND TWO HUNDRED (1200)CARTONS OF BICYCLES	"P"	39600 KGS	JH-FLSINV01 AUG 1ST,97

图 4-50

7. 包装种类、件数，货物的描述（NUMBER AND KIND OF PACKAGES, DESCRIPTION OF GOODS）

此栏填两项内容：

① 包装种类和件数。一般先用小写再用英文大写表示。如：100 箱，填写为：100 CARTONS （ONE HUNDRED CARTONS ONLY）。

② 商品名称。填写货物具体名称，应同发票一致。如 100 箱罐头，可表示为 100 CARTONS （ONE HUNDRED CARTONS ONLY）OF CANNED GOODS。有的商品也可用统称，如文具、纸张等。有时国外来证要求加注信用证号码或某项声明，也打在此栏。此栏全部内容打完后一般打上“ * * * *”号表示结束。

具体如图 4-51 所示。

FROM SHANGHAI TO COPENHAGEN BY SEA					
Item number	Marks and numbers of packages	Number and Kind of packages; description of goods	Origin criterion (see Notes	Gross weight or other	Number and date o invoices
1					
	FLS 9711 COPENHAGEN NO. 1-1200	ONE THOUSAND AND TWO HUNDRED (1200)CARTONS OF BICYCLES	"P"	39600 KGS	JH-FLSINV0 AUG 1ST,97

图 4-51

8. 原产地标准（参照证书背面注释）[ORIGIN CRITERION（SEE NOTES OVERLEAF）]

填写货物原料成分代号，即“P”“W”“F”等。一般而言，货物完全是本国产品，无进口成分的，填“P”；含有进口成分的，填“W”；对加拿大出口时，进口成分占产品出厂价 40%以内者，填“F”；出口至澳大利亚、新西兰的货物，此栏可留空不填（具体情况在填列时应仔细参照证书背面注释），如图 4-52 所示。

FROM SHANGHAI TO COPENHAGEN BY SEA					
Item num- ber	Marks and numbers of packages	Number and Kind of packages; description of goods	Origin criterion (see Notes	Gross weight or other	Number and date of invoices
1					
	FLS 9711 COPENHAGEN NO. 1-1200	ONE THOUSAND AND TWO HUNDRED (1200)CARTONS OF BICYCLES	"P"	39600 KGS	JH-FLSINV01 AUG 1ST,97

图 4-52

9. 数量或重量（QUANTITY OR WEIGHT）

此栏应以商品的计量单位填写，如电视机以台计算，即可输入 100 SETS。以重量计算的，可输入重量（需注明毛重或净重）。如：396000 KGS（如图 4-53 所示）。

FROM SHANGHAI TO COPENHAGEN BY SEA					
Item num- ber	Marks and numbers of packages	Number and Kind of packages; description of goods	Origin criterion (see Notes	Gross weight or other	Number and date of invoices
1					
	FLS 9711 COPENHAGEN NO. 1-1200	ONE THOUSAND AND TWO HUNDRED (1200)CARTONS OF BICYCLES	"P"	39600 KGS	JH-FLSINV01 AUG 1ST,97

图 4-53

10. 发票号和发票日期（NUMBER AND DATE OF INVOICES）

此栏应按发票照抄有关日期和号码，不能留空，有关日期须用英文表示（如图 4-54 所示）。

FROM SHANGHAI TO COPENHAGEN BY SEA					
Item num- ber	Marks and numbers of packages	Number and Kind of packages; description of goods	Origin criterion (see Notes	Gross weight or other	Number and date of invoices
1					
	FLS 9711 COPENHAGEN NO. 1-1200	ONE THOUSAND AND TWO HUNDRED (1200)CARTONS OF BICYCLES	"P"	39600 KGS	JH-FLSINV01 AUG 1ST,97

图 4-54

11. 出口方声明（DECLARATION BY THE EXPORTER）

此处出口商声明早已印好，无须填写。但须由申请单位的法人代表手签并加盖中英文对照的公章，签字与公章不得重合，同时签注申报日期和地点（如图 4-55 所示）。其中，申报日期不得早于发票日期（也不得晚于提单日期）。

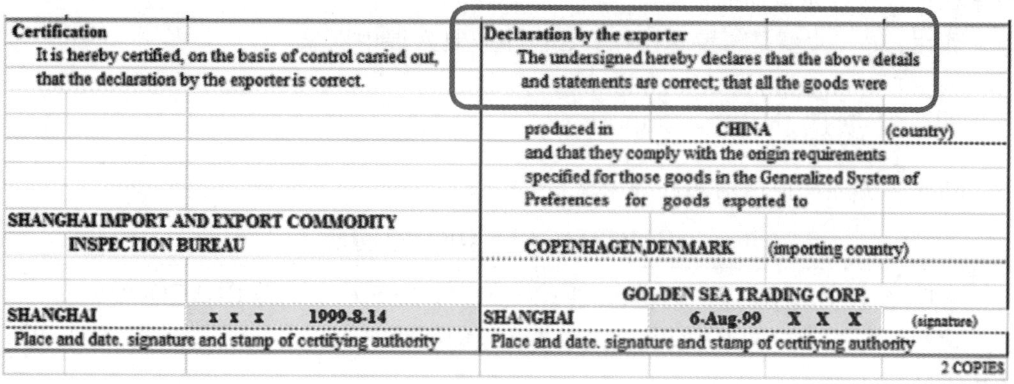

Certification
It is hereby certified, on the basis of control carried out, that the declaration by the exporter is correct.

SHANGHAI IMPORT AND EXPORT COMMODITY INSPECTION BUREAU

SHANGHAI x x x 1999-8-14
Place and date. signature and stamp of certifying authority

Declaration by the exporter
The undersigned hereby declares that the above details and statements are correct; that all the goods were produced in CHINA (country)
and that they comply with the origin requirements specified for those goods in the Generalized System of Preferences for goods exported to
COPENHAGEN,DENMARK (importing country)

GOLDEN SEA TRADING CORP.
SHANGHAI 6-Aug-99 X X X (signature)
Place and date. signature and stamp of certifying authority

2 COPIES

图 4-55

12. 签证机构证明（CERTIFICATION）

签证机构证明文件也是印好的，无须现打（如图 4-56 所示）。它只是在签证机构审核无误后，由授权的签证人进行手签，加盖签证机构印章，并注明签署地点、时间（此栏日期不得早于 11 栏的申报日期）。

Certification
It is hereby certified, on the basis of control carried out, that the declaration by the exporter is correct.

SHANGHAI IMPORT AND EXPORT COMMODITY INSPECTION BUREAU

SHANGHAI x x x 1999-8-14
Place and date. signature and stamp of certifying authority

Declaration by the exporter
The undersigned hereby declares that the above details and statements are correct; that all the goods were produced in CHINA (country)
and that they comply with the origin requirements specified for those goods in the Generalized System of Preferences for goods exported to
COPENHAGEN,DENMARK (importing country)

GOLDEN SEA TRADING CORP.
SHANGHAI 6-Aug-99 X X X (signature)
Place and date. signature and stamp of certifying authority

2 COPIES

图 4-56

三、知识链接：原产地证书 C/O 和普惠制证书 F/A 的区别

共同点：都是产地证。是清关文件之一。

不同点：（1）F/A 是属普惠制原产地证；C/O 是属一般原产地证。

（2）F/A 普惠制原产地证，是互惠的，是主动的；C/O 一般原产地证，仅证明产地，是被动的。

在进口清关时，出示 F/A 普惠制原产地证，货物可享受最惠国税率征税（在普惠制协约国内）。这是无条件地享受的，所以是主动的。

在进口清关时，出示 C/O 一般原产地证，货物仅享受普通税率征税。只有在双方国家签有享受最惠国待遇的前提下，出示 C/O 一般原产地证，货物才可享受按最惠国税率征税，所以是被动的。

作用：F/A 主要是给发达国家，C/O 主要是发展中国家。

四、拓展提升

请将下方原产地证书翻译为中文。

CERTIFICATE OF ORIGIN

WE/PAUE REINHART INC.DECLARE THAT THE FOLLOWING GOODS

MARKS	NO.BALES	DESCRIPTION	GROSS WEIGHT （LBS）
YIIR1	88	MEMPHIS/EASTERN COTTON	217,513
YIIR2	88	CROP 2005/2006	
YIIR3	88		
YIIR4	81		
YII5R5	88	CONTRACT NO.S003.110	
TOTAL	433	L/C NO.LC9700281/06	

ON BOARD DATE: JULY 24. 2006

VESSEL/VOY: CHEROKEE BRIDGE 19W

FORM: LONG BEACH.CA

TO: SHANG HAI ,P.R.CHAINA

SOLD TO:

AN YANG WANSHIDA IMPORT AND EXPORT CO..LTD

478 BAO QING ROAD （E）

AN YANG CITY.HENAN CHINA

RE THE PRODUCT OF THE UNITED STATES OF AMERICA

TO AND SUBSCRIBED BEFORE ME　　/PAUL REINHART INC.

Y JULY 24. 2006　　2280 CAMPBELL CREEK BLVD, SUITE 350

RICHARDSON TEXAS. 75082-4420 USA

PUBLIC IN AND FOR DALLAS　　/PAUL REINHART INC.TEXAS

ALLAS TEXAS AND Chamber of Commerce is a recognized chamber of commerce under the laws of the state of Texas. Amend and certify the manufacturer’s invoice of sipper’s ,concerning the origin of merchandise and to the best of my knowledge and belief. Finds that the products named originated in UNITED STATES OF AMERICA.

Secretary : Rosella Kennedy

项目五　国际货物运输

任务一　订舱委托书（出口托运单）

一、知识准备

订舱委托书（Booking Note）简称托书，是进出口商为了买卖商品，通过船公司和货代公司进行船运进行订舱的申请书。

订舱委托书没有固定格式，不同进出口公司缮制的托书不尽相同，但主要内容都要包含在内，包括托运人、收货人、装货港、卸货港、唛头、货物描述、货物毛重、货物体积、运费的支付方式、所订船期、订舱章以及其他需求，例如目的港免用箱期申请等。

二、任务实施

出口货物订舱委托书如图 5-1 所示。

公司编号 BOX01　　出 口 货 物 订 舱 委 托 书　日期1999年 8月5日

1)发货人 GOLDEN SEA TRADING CORP. 8TH FLOOR, JIN DU BUILDING, 277 WU XING ROAD,	4)信用证号码 FLS-JHLC01		
	5)开证银行 WEST LB (EUROPA) A.G.		
	6)合同号码 JH-FLSSC01	7)成交金额US$	82200.00
	8) 装运口岸 SHANGHAI	9)目的港	COPENHAGEN
2)收货人 TO ORDER	10)转船运输 YES	11)分批装运	YES
	12)信用证效期 1999/9/15	13)装船期限	1999/8/31
	14)运费 PREPAID	15)成交条件	CIFC5 COPENHAGEN
	16)公司联系人	17)电话/传真	64331255
3)通知人 F.L.SMIDTH & CO. A/S 77, VIGERSLEV ALLE, DK-2500 VALBY	18)公司开户行 中国银行	19)银行帐号	7938724374
	20)特别要求		

21)标记唛码	22)货号规格	23)包装件	24)毛重(kgs)	25)净重(kgs)	26)数量	27)单价(US$)	28)总价(US$)
	FOREVER BRAND BICYCLE				CIFC5 DENMARK		
FLS	YE803 26'	600 CTNS	19800	16800	600 SETS	66.00	39600.00
9711	TE600 24'	600 CTNS	19800	16800	600 SETS	71.00	42600.00
COPENHAGEN							
NO. 1-1200							

29）总件数	30）总毛重	31）总净重	32）总尺码	33）总金额	
1200 CARTC	39600KGS	33600KGS	547.200M3	TOTAL	USD82200.00

34)备注

图 5-1　订舱委托书

（1）发货人（托运人）——填写出口公司（信用证受益人）。

（2）收货人——填写信用证规定的提单收货人。

（3）通知人——填写信用证规定的提单通知人。

一般在订舱委托书上会注明托运人、收货人、通知人这三栏为提单 B/L 项目要求，将来船公司签发的提单上的相应栏目的填写也会参照订舱委托书的写法。因此，这三栏的填写应该按照信用证提单条款的相应规定填写（具体可以参见提单条款的填制方法）。

（4）信用证号码——填写相关交易的信用证号码。

（5）开证银行——填写相关交易的信用证开证银行的名称。

（6）合同号码——填写相关交易的合同号码。

（7）成交金额——填写相关交易的合同总金额。

（8）装运口岸——填写信用证规定的起运地。如信用证未规定具体的起运港口，则填写实际装港名称。

（9）目的港——填写信用证规定的目的地。如信用证未规定目的港口，则填写实际卸货港名称。

（10）转船运输——根据信用证条款，如允许分批，填“YES”，反之，则填“NO”。

（11）分批装运——根据信用证条款，如允许分批，填“YES”，反之，则填“NO”。如信用证未对转船和分批作具体的规定，则应该按照合同的有关信息填写。

（12）信用证效期——填写信用证的有效期。

（13）装运期限——填写信用证规定的装运期限。

（14）运费——根据信用证提单条款的规定填写“FREIGHT PREPAID”（运费预付）或“FREIGHT TO COLLECT”（运费到付）。

（15）成交条件——填写成交的贸易术语，如：“FOB”“CIF”“CFR”等。具体根据实际情况填写。

（16）特别要求——如托运人对所订舱有特殊要求的话，可以填在这一栏中。

（17）标记唛码——填写货物的装运标志，即通常所说的“唛头”。

（18）货号规格——填写货物描述。

（19）（20）（21）（22）（23）——总件数、总毛重、总净重、总尺码、总金额，按货物的实际情况填写。

（24）备注——如有其他事项可填入“备注”栏中。

三、知识链接

询价单 enquiry

支付协议 agreement to pay

意向书 letter of intent

订单 order

总订单 blanket order

现货订单 sport order

租赁单 lease order	临时支付申请 interim application for payment
紧急订单 rush order	修理单 repair order
分订单 call off order	寄售单 consignment order
样品订单 sample order	换货单 swap order
订购单回复 purchase order response	订购单变更请求 purchase order change reqnest

四、拓展提升

海运集装的货物出口配舱回单如图 5-2 所示。

海运集装箱货物出口配舱回单

Shipper (发货人) GOLDEN SEA TRADING CORP. 8TH FLOOR, JIN DU BUILDING 277 WU XING ROAD, SHANGHAI, CHINA	D/R No. (编号) JH-FLSBL01
Consignee (收货人) TO ORDER	配舱回单
Notify Party (通知人) F.L.SMIDTH & CO. A/S 77, Vigerslev Alle, DK-2500 Valby Copenhagen Denmark	
Pre-carriage by (前程运输)	Place of Receipt (收货地点)
Vessel (船名) Voy. No. (航次) YI XIANG V307	Port of Loading (装货港) SHANGHAI
Port of Discharge (卸货港) COPENHAGEN	Place of Delivery (FINAL DESTINATION FOR THE MERCHANTS (目的地)

Container No. (集装箱号)	Seal No. (封志号) Marks & Nos. (标志与号码)	No. of containers or p'kgs (箱数或件数)	Kind of Packages: Description (包装种类与货名)	Gross Weight 毛重(公斤)	Measurement 尺码(立方米)
32345100 32345101 32345102 32345103 32345104 32345105 32345106 32345107 32345108 32345109	FLS 9711 COPENHAGEN 1-1200	1200 CTNS	FOREVER BRAND BICYCLE	39600	547.200

TOTAL NUMBER OF CONTAINERS OR PACKAGES (IN WORDS)
集装箱数或件数合计(大写) SAY TEN CONTAINERS ONLY

FREIGHT & CHARGES (运费与附加费)	Revenue Tons (运费吨)	RATE (运费率)	Per (每)	Prepaid (运费预付)	Collect (到付)
TOTAL USD	39350.00	3935	10		
Ex.Rate:(兑换率)	Prepaid at (预付地点)	Payable at (到付地点)		Place of Issue 签发地点) SHANGHAI	
	Total Prepaid (预付总额) TOTAL USD 39350.00	No. of Original B(s)/L (正本提单份数) THREE			

Service Type on Receiving CY	Service Type on Delivery CY	提单签发: 倪 永 海
可否转船: YES	可否分批: YES	
装期:31-August-1999	效期:15-Se	
金额: US$82,200.00		COCSCO SHANGHAI SHIPPING CO.,LTD.
制单日期: 6-August-1999		

图 5-2 海运集装的货物出口配舱回单

任务二 海运提单

一、知识准备

提单是由船长或承运人的代理收到托运人托运的货物后签发的，确认货已收到或已装船，承担将货物运到指定地点，并交与指定收货人的一种海上运输单据，是承运人与托运人之间的运输合同的证明和货物所有权的凭证。它是国际贸易中一种十分重要的结算单据。

在我国，海运提单通常由出口企业或运输代理填制，货物装船后由船公司签署交出口企业。不同船公司设计的提单格式不尽相同，但内容基本相同。

二、任务实施

海运提单具体内容如图 5-3 所示。

BILL OF LADING

HIPPER GOLDEN SEA TRADING CORP. 8TH FLOOR, JIN DU BUILDING, 277 WU XING ROAD, SHANGHAI, CHINA	B/L NO. JH-FLSBL01
CONSIGNEE TO ORDER	中國遠洋運輸(集團)總公司 CHINA OCEAN SHIPPING (GROUP) CO. CABLE: COSCO BEIJING TLX: 210740 CPC CN
NOTIFY PARTY F.L.SMIDTH & CO. A/S 77, VIGERSLEV ALLE, DK-2500 VALBY COPENHAGEN, DENMARK	

PLACE OF RECEIPT SHANGHAI CY	OCEAN VESSEL YI XIANG		
VOYAGE NO. V307	PORT OF LOADING SHANGHAI		ORIGINAL
PORT OF DISCHARGE COPENHAGEN	PLACE OF DELIVERY	Combined Transport BILL OF LADING	

MARKS NOS. & KINDS OF PKGS.		DESCRIPTION OF GOODS	G.W.(kg)	MEAS(m3)
FLS 9711 COPENHAGEN NO. 1-1200	1200 CARTONS	FOREVER BRAND BICYCLE FREIGHT PREPAID	39600	547.200

TOTAL NUMBER OF CONTAINERS OR PACKAGES(IN WORDS): SAY ONE THOUSAND AND TWO HUNDRED CARTONS ONLY

FREIGHT & CHARGES	REVENUE TONS	RATE	PER	PREPAID	COLLECT

PREPAID AT	PAYABLE AT	PLACE AND DATE OF ISSUE SHANGHAI 8-Aug-97
TOTAL PREPAID	18)NUMBER OF ORIGINAL B(S)L THREE	
LOADING ON BOARD THE VESSEL DATE 21-Aug-99	)BY COSCO SHANGHAI SHIPPING CO.,LTD. 倪 永 海	COSCO SHANGHAI SHIPPING CO.,LTD. 倪 永 海
ENDORSEMENT:	GOLDEN SEA TRADING CORP. XXX	3 copies

图 5-3 海运提单

（1）提单号码（B/L No.）。提单必须注明承运人及其代理人规定的提单编号，否则无效，提单号码一般可按装船单（下货纸）号码填写。

（2）托运人（SHIPPER）。指委托运输的人，一般为出口公司，也就是信用证中的受益人或买卖合同的卖方。信用证如要求以第三者为托运人，一般可以接受并须按信用证要求填写。

（3）收货人（CONSIGNEE）。该栏的填写与托运单“收货人”一栏的填写完全一致，应严格按照信用证规定填写。实际业务中，信用证通常要求出口商将提单收货人填入“To order”（凭指定）。这种提单须经托运人背书，才可流通转让。

（4）被通知人（NOTIFY PARTY）。被通知人是货到目的港被船公司通知到货（提货）的人，他通常是货物的进口人或其代理。信用证对被通知人如何填写一般有明示的规定，须按信用证规定填写“被通知人”的详细名称、地址。若信用证没有此项规定时，通常将开证人作为被通知人，填写开证人的详细名称、地址。

（5）前程运输及收货地点（PRE-CARRIAGE , PLACE BY OF RECEIPT）。货物转运时填写。其中，前程运输填写第一程船的船名，如货物不需转运，则空白不填；收货地点填写收货港的名称或地点，如货物不需转运，也空白不填。

（6）船名、航次、装货港（OCEAN VESSEL, VOY. NO., PORT OF LOADING）。如转运填写第二程船的船名、航次和中转港的名称，不转运填写第一程船的船名、航次和装运港口名称按配舱回单填写。

（7）卸货港及交货地点（PORT OF DISCHARGE, PLACE OF DELIVERY）。这些项目均需按实际填写。其中，卸货港填写卸货（目的港）名称；交货地点填写最终目的地名称，如果货物的目的地是目的港，可空白不填。

（8）唛头（MARKS AND NOS.）。此栏须按信用证填写，如信用证没有规定则应按发票内容填写，如不使用唛头注明“N/M”字样。

（9）件数、包装、货物名称（NUMBER AND KIND OF PACKAGES，DESCRIPTION OF GOODS）。包装件数与种类按实际情况填写。货物名称应与托运单一致，与信用证严格相符。货物名称下面空白处注明运费支付情况如“运费已付”（FREIGHT PREPAID）、“运费到付”（FREIGHT TO COLLECT）。

（10）毛重和尺码（GROSS WEIGHT、MEASUREMENT）。毛重一般以公斤为单位，保留三位小数；尺码以立方米为单位，保留三位小数，提单上的毛重与尺码要与装箱单（Packing List）上的总毛重与总尺码一致。

（11）正本提单份数（NUMBER OF ORIGINAL B/L）。提单份数须按信用证规定填写（大写英文数字）。如来证无明确规定或仅要求“Full Set”可填写“2 份”或“3 份”（“TWO”或“THREE”）。

（12）提单签发日及地点（PLACE AND DATE OF ISSUE）。提单签发日期应为货物交付承运人或货物装船完毕的日期，它不得晚于合同或信用证规定的装运期。提单的签发地点应按装运地点填写。

（13）签名（SIGNED FOR THE CARRIER）。提单必须有船方或其代理人的签字才有效。

三、知识链接

入库单 warehouse warrant
装卸单 handling order
陆运单 road list-SMGS
主提单 master bill of lading
提单 bill of lading
全程运单 house waybill
副本提单 bill of lading copy
油轮提单 tanker bill of lading
提货单 delivery order
运单 waybill
空运单 air waybill
海运单 sea waybill
公路托运单 road consignment note
正本提单 bill of lading original
空集装箱提单 empty container bill
内河提单 inland waterway bill of lading

四、拓展提升

2011 年 11 月 17 日 8 时，北京金祥物流有限公司北京站客服王芳菲收到带有客户签章的两份订单传真。

托运订单一的相关信息如下：

运单号　YD4610000005915

托运人　北京乐宝有限公司（联系人：李玫（经理）；联系电话：010-65098654，地址：北京市大兴区经济开发区 79 号；邮编：100023）

包装方式　　纸箱

货物详情

（1）货物名称：玩具车 200A59；数量：100 件；总重量：350KG；总体积：3.8M^3。

（2）货物名称：玩具车 200B73；数量：80 件；总重量：240KG；总体积：1.8M^3。

（3）货物名称：玩具车 200C45；数量：120 件；总重量：300KG；总体积：2.8M^3。

（4）货物名称：玩具车 200D90；数量：60 件；总重量：252KG；总体积：5.6M^3。

（5）货物名称：玩具车 200E82；数量：80 件；总重量：288KG；总体积：4.8M^3。

收货人　杭州华宝有限公司（联系人：张博；联系电话：0571-7256109，地址：浙江省杭州市下城区东新路 86 号；邮编：310005）

托运要求

（1）要求上门取货和送货。

（2）要求 2011 年 11 月 19 日到达目的地。

结算

（1）结算方式：月结。

（2）凭客户签字的运单作为回执单，予以结清运费。

投保　　只对玩具车 200A59 投保，货值为 240000 元，保险费率为货值的 0.06%

其他费用　　无

托运订单二的相关信息如下：

运单号　YD4610000005916

托运人　北京丽晶有限公司（联系人：李铁；联系电话：010-60925298，地址：北京市通州区梨园镇 9 号；邮编：100023）

包装方式　　包装方式为纸箱

货物详情　　货物名称：家电 LT35480；数量：120 件；总重量：3840KG；总体积：28M³　。

收货人　北京丽晶有限公司杭州分公司(联系人:王敏;联系电话:0571-63256878，地址：浙江省杭州市富阳金城路 221 号；邮编：310005）

托运要求

（1）要求 2011 年 11 月 19 日到达目的地。

（2）要求上门取货和送货。

（3）将该批货物每份 24 箱平均配送到五个销售点。

结算

（1）结算方式：月结。

（2）凭客户签字的运单作为回执单，予以结清运费。

投保　　货值为 360000 元，保险费率为货值的 0.06%

其他费用　　无

客服王芳菲在审核完这两个客户的业务申请后，将订单提交给调度刘明全进行操作。

11 月 17 日 11 时，调度刘明全根据班车信息、作业路线等编制单号为 JH20110006692 的集货单，该集货单包含托运单号为 YD4610000005915 和 YD4610000005916 的两张托运单的货物，并安排编号为 BC026 的班车执行该项任务，集货截止时间为 2011 年 11 月 17 日 20:00，预计装车时间为 2011 年 11 月 17 日 20:30。

北京金祥物流有限公司京杭线自有班车信息如下：

班车编号：BC026

车牌号：京 M00987

司机：张奇

联系方式：13910056927

发车时间：2011 年 11 月 17 日 23 时

到站时间：2011 年 11 月 19 日 13 时

11 月 17 日 15 时，货运员张奇到取货地收取托运单号 YD4610000005915 的货物，点验所托运货物，查无包装及数量等异常后，填制运单号为 YD4610000005915 的公路货物运单，并请托运人核对运单信息，并在运单“托运人签字”一栏中签字确认。

11 月 17 日 17 时，货运员张奇到取货地收取托运单号 YD4610000005916 的货物，点验所托运货物，查无包装及数量等异常后，填制运单号为 YD4610000005916 的公路货物运单，并请托运人核对运单信息，并在运单“托运人签字”一栏中签字确认。

11 月 17 日 19 时，货运员张奇回到公司，并告知调度刘明全完成集货作业，无异常情况。班车 BC026 于 2011 年 11 月 17 日 23 时从北京金祥物流有限公司北京站准时发车，并以预计时间 2011 年 11 月 19 日 13 时到达北京金祥物流有限公司杭州站，并由北京金祥物流有限公司杭州站装卸员刘广伦进行卸车作业。

2011 年 11 月 19 日 14 时，杭州华宝有限公司的收货人张博在对货物进行验收时，发现有 80 件货物包装被挤压破损，并拍照取证，北京金祥物流有限公司杭州站配送员王亮通知公司领导到现场了解情况。

北京金祥物流有限公司杭州站主管贾正学赶到验收现场，与杭州华宝有限公司负责人沟通后，决定立即对该批货物进行施封检查鉴定。

鉴定结果如下：

发生残损货物运单号：YD4610000005915

残损货物名称：玩具车 200A59

实际残损件数：21 件

残损状况：货物损坏，不能正常销售

残损货物预估价值：16800 元

残损货物投保情况：已投保

责任人：刘广伦

操作环节：卸车作业

残损原因：装卸员刘广伦进行卸车作业时存在野蛮操作，致货物损坏。

2011 年 11 月 19 日 17 时，贾正学将结果报告给北京金祥物流有限公司客服部李华安。李华安根据鉴定结果，作出对应解决措施后，报告并负责处理结果，同时填制编号为 CS20110004933 的残损记录表。解决措施为对杭州华宝有限公司赔偿实际损失，处理结果为报保险公司索赔。

制单要求：

（1）请以调度刘明全的身份填制编号为 JH20110006692 的集货单。

（2）请以客服部李华安的身份填制编号为 CS20110004933 的残损记录表。

相关说明事项：

1. 集货单填制相关说明

（1）单据号、班车编号、车牌号：分别填写集货单的单号、运输车辆的班车编号、车牌号。

（2）运单号：分别填写各运单的运单号码，如果同一张运单上有不同型号的多种货品，则分别列出各自对应的运单号。

（3）集货截止时间：请填写按调度要求的集货完成时间。

（4）发车时间、到站时间：分别填写班车发车时间和到站时间。

（5）总数量、总重量、总体积：分别填写货物的总件数、总重量、总体积。

（6）发货人、发货地址、收货人：分别填写货物的托运人单位、托运人单位的地址、收货人单位。

（7）始发站、到达站：请填写城市名称，如“广州”。

（8）填表人：请填写初次填写单据的工作人员。

（9）填表时间：请填写制单人填单时间。

（10）甩货说明：无甩货情况的请留空。

（11）序号：请从数字 1 开始顺序填写。

2. 残损记录表填制相关说明

（1）站点、路由：站点请填写出发站，如“北京站”；路由填写发货站到收货站，如“广州-上海”。

（2）发现时间：请填写发现残损货物的具体时间。

（3）运单号： 请填写发生残损货物的运单号。

（4）车号：请填写装运残损货物的车辆车牌号。

（5）预估价值、残损件数：请分别填写残损货物的预估价值（如“300 元”）、残损货物的件数（如残损 10 件，请填“10”，不用带单位）。

（6）操作环节：请填写造成残损原因的物流环节。

（7）填报人、施封检查、责任人：请分别填写残损情况的填报人、到站后的施封检查人、造成残损的责任人。

（8）货物残损状况：请填写货物的具体残损情况。

（9）报告部门、报告人、接收部门、接收人、实施部门、负责人、日期：请分别填写残损情况的报告部门（如北京站）、报告人、接收部门（如北京站）、接收人、残损货物赔偿事宜的实施部门（如北京站）、负责人、具体的编制表单日期。

（10）处理结果栏下报告人、负责人、日期：分别填写残损赔偿事宜的报告人、负责办理赔偿事宜的实施人、具体的编制表单日期。

（11）处理结果：请填写残损货负责办理赔偿事宜的处理结果。

（12）操作站、站负责人、操作员、调度、承运司机：不用填写。

备注：单据填制过程中，各字段的内容须完全以题干中所提供的信息为准。

项目六　国际货物保险

任务一　投保单

一、知识准备

CIF 出口合同，由卖方办理货物保险。出口企业应在备妥货物、确定装运日期和运输工具后，按合同或信用证规定向保险公司填制投保单办理货物运输投保手续。

我国出口货物的投保，一般采取逐笔投保方式，即每发生一笔国际货运业务，出口方即向保险公司办理一次投保手续。投保时，出口方首先向保险公司索取空白投保单，按合同或信用证的规定，如实填写货运投保单内容，列明投保人（被保险人）的名称、被保险的货物名称、数量、包装及标志、保险金额、起讫地点、运输工具名称、起讫日期、投保险别等，送交保险公司投保。保险公司根据投保人（被保险人）的投保申请，考虑接受承保，签发保险单。

二、任务实施：投保单的填制

投保单具体内容如表 6-1 所示。

货物运输投保单是保险公司接受投保人（被保险人）的投保申请和开立保险单的依据。投保单内容正确与否，不仅影响保险公司出具的保险单内容是否正确，同时还会影响出口商能否顺利结汇。货物运输投保单用英文填写，方法如下：

（1）被保险人（INSURED）。此栏填写投保人（外贸公司），一般与合同卖方或信用证受益人一致。信用证有要求时应按信用证要求填写。

（2）发票、合同、信用证号码（INVOICE NO./CONTRACT NO./LC NO.）。此处按实际情况如实填写。

（3）发票金额（INVOICE AMOUNT）。发票金额应按发票实际金额填写（不超过信用证规定的额度）。

（4）投保加成（PLUS）。一般情况下按合同或信用证填写 10%。

（5）标记（MARKS & NOS）。填写实际发运货物包装唛头，应与发票、提单保持一致。

（6）数量及包装（QUANTITY）。填写实际发运货物的（最大）包装及件数。

（7）保险货物项目（DESCRIPTION OF GOODS）。此处可以使用大类货物名称，但应与提单、发票保持一致（与信用证相符）。

（8）保险金额（AMOUNT INSURED）。此处一般按合同或信用证规定的发票金额的 110%来记录（小数点后尾数进为整数，使用货币与信用证币种相同）。

（9）启运日期、装载运输工具、运输起讫地、提单号码（DATE OF COMMENCEMENT, PER CONVEYANCE, FROM TO B/L NO.）。按实际填写，与提单保持一致。

（10）赔款偿付地点（CLAIM PAYABLE AT）。一般为货物最终目的地。

（11）投保险别（CONDITION）。按合同/信用证填写。

（12）货物、集装箱、运输工具种类和船舶资料。按所给选项及实际情况打“√”。

表 6-1

中保财产保险有限公司上海市分公司

The People's Insurance（Property）Company of China, Ltd. Shanghai Branch

进出口货物运输保险投保单

Application From form I/E Marine Cargo Insurance

<table>
<tr><td colspan="4">被保险人 FANGZHENG IMPORT & EXPORT TRADE CORPORATION
Assured's Name</td></tr>
<tr><td>发票号码（出口用）或合同号码（进口用）
Invoice No. or Contract No.</td><td>包装数量
Quantity</td><td>保险货物项目
Description of Goods</td><td>保险金额
Amount Insured</td></tr>
<tr><td>AS PER INVOICE No. TX0522</td><td>300 CARTONS</td><td>100% COTTON COLOUR WEAVE T-SHIRT</td><td>USD 66000.00</td></tr>
<tr><td colspan="4">装载运输工具 PUDONG 航次、航班或车号 V.503 开航日期 JUN. 25,2007 Per Conveyance Voy. No. Slg . Date
自 SHANGHAI 至 CSAKA 转运地 ________ 赔款地 OSAKA
From To W/T at Claim Payable at

承保险别： FOR 110% OF THE INVOICE VALUE VOVERING ALL RISKS AS PER PICC DATE 1/1/1981
Condition & / or
Special Coverage:
投保人签章及公司名称、电话、地址：
Applicant's Signature and CoTel. No.
FANGZHENG IMPORT ORPORATION
22 ZHONGSHAN ROAD
021-65788877
备注：
Remarks:
投保日期：2007.06.14
Date:</td></tr>
</table>

保险公司填写： 报单号： 费率：

三、知识链接

平安险 free from particular average（f.p.a.）
水渍险 with particular average（w.p.a.）
淡水雨淋险 fresh water rain damage
受热、受潮险 damage caused by heating & sweating
包装破裂险 loss for damage by breakage of packing
混杂、沾险 risk of intermixture &contamination
一切险 all risks
短量险 risk of shortage
渗漏险 risk of leakage
串味险 risk of odor
锈损险 risk of rust
钩损险 hook damage
交货不到险 failure to delivery risks
进口关税险 import duty risk
战争险 war risk
罢工险 strikes risk

四、拓展提升

You are an export agent for children shoes. Suppose you have got the following information from the different parties:

Factory :

Product selling price:RMB23.00/DZ

Standard packing detailed:20DZ/CTN, 45*30*50CM/CTN

Shipping Company:

Freight charge for FCL（Full Container Load）1*20’:USD1 050

Feight charge for LCL（Less Than Container Load）:USD65/CBM

Insurance company:

All Risks, 10% markup, premium rate as 0.5%

Your company pricing policy:

5%markup on product cost as fixed cost

Required profit margin as 10%

Bank:

Exchange rate on the day of quotation:USD1.00=RMB7.00

Qs:

1.What is the FOBC5 price for 1*20’ container of the products?

2.What about CIF price for 1*20’ container?

3.And what about CFR price for quantity less than 1*20’ container?

4.Fill in following APPLICATION FORM FOR CARGO TRANSPORTATION INSURANCE.（见表 6-2）

表 6-2

PICC 中国人民保险公司上海分公司
The People's Insurance Company of China, Shanghai Branch
货物运输保险投保单
APPLICATION FORM FOR CARGO TRANSPORTATION INSURANCE

被保险人
Insured
发票号（INVOICE NO.）
合同号（CONTRACT NO.）
信用证号（L/C NO.）
发票金额（INVOICE AMOUNT）__________________ 投保加成（PLUS）_____%
兹有下列货物投保。(INSURANCE IS REQUIRED ON THE FOLLOWING COMMODITIES：)

标　记 MARKS & NOS.	数量及包装 QUANTITY	保险货物项目 DESCRIPTION OF GOODS	保险金额 AMOUNT INSURED

启运日期　　　　　　　　　　　　　　装载运输工具
DATE OF COMMENCEMENT__________________PER CONVEYANCE
自　　　　　　　　经　　　　　　　　至
FROM ______________VIA ____________________TO
提单号　　　　　　　　　　　　赔款偿付地点
B/L NO. ______________________ CLAIM PAYABLE AT______________________
投保险别（PLEASE INDICATE THE CONDITIONS &/OR SPECIAL COVERAGES）
请如实告知下列情况(如“是”在[ ]中打“√”“不是”打“×”)IF ANY，PLEASE MARK “√” OR “×”

1. 货物种类：袋装[ ] 散装[ ] 冷藏[ ] 液体[ ] 活动物[ ] 机器/汽车[ ] 危险品等级[ ]
GOODS：BAG/JUMBO[ ] BULK[ ] REEFER[ ] LIQUID[ ] LIVE[ ] ANIMAL[ ] MACHINE/AUTO[ ] DANGEROUS CLASS[ ]

2. 集装箱种类：普通[ ] 开顶[ ] 框架[ ] 平板[ ] 冷藏[ ]
CONTAINER：ORDINARY[ ] OPEN[ ] FRAME[ ] FLAT[ ] REFRIGERATOR[ ]

3. 转运工具：海轮[ ] 飞机[ ] 驳船[ ] 火车[ ] 汽车[ ]
BY TRANSIT：SHIP[ ] PLANE[ ] BARGE[ ] TRAIN[ ] TRUCK[ ]

4. 船舶资料：船籍[ ] 船龄[ ]
PARTICULAR OF SHIP：REGISTRY[ ] AGE[ ]

备注：被保险人确认本保险合同条款和内容已经完全了解。

投保人（签名盖章）APPLICANTS'SIGNATURE

THE ASSURED CONFIRMS HEREWITH THE TERMS AND CONDITIONS OF THESE INSURANCE CONTRACT FULLY UNDERSTOOD.

电话：（TEL）　　　　投保日期：（DATE）　　　　地址：（ADD）

任务二　货物的保险单

一、知识准备

保险单通常被称为保单，是保险公司与投保人所订立的保险合同的一种正式书面证明。保险单完整地记载着保险合同中双方当事人的权利、义务及责任，是被保险人向保险公司索赔和保险公司进行理赔的依据。在以 CIF 为条件的出口交易中，保险单是出口商向买方或银行必须提交的一种单据。

二、任务实施

以中国太平洋保险公司为例，其保险单具体内容如图 6-1 所示。

中　国　太　平　洋　保　险　公　司

CHINA PACIFIC INSURANCE COMPANY LIMITED

INSURANCE POLICY　　保险单号次 POLICY N　JH-FLSBD01

中国太平洋保险公司（以下简称本公司）

THIS POLICY OF INSURANCE WITNESSES THAT CHINA PACIFIC INSURANCE COMPANY OF CHINA (HEREINAFTER CALLED "THE COMPANY")

根据

AT THE REQUEST OF　GOLDEN SEA TRADING CORP.

（以下简称被保险人）的要求，由被保险人向本公司缴付约

(HEREINAFTER CALLED "THE INSURED") AND IN CONSIDERATION OF THE AGREED PREMIUM PAID TO THE COMPANY BY THE

定的保险，按照本保险单承保险别和背面所载条款下列

INSURED UNDERTAKES TO INSURE THE UNDERMENTIONED GOODS IN TRANSPORTATION SUBJECT TO THE CONDITIONS OF THIS POLICY

特款承保下述货物运输保险，特立本保险单

AS PER THE CLAUSES PRINTED OVERLEAF AND OTHER SPECIAL CLAUSES ATTACHED HEREON

标记 MARKS § NOS	包装及数量 QUANTITY	保险货物项目 DESCRIPTION OF GOODS	保险金额 AMOUNT INSURED
AS PER INVOICE NO. JH-FLSINV01	1200 CARTONS	FOREVER BRAND BICYCLE	US$90,420

总保险金额：

AMOUNT INSURED:　UNITED STATES DOLLARS NINETY THOUSAND FOUR HUNDRED AND TWENTY ONLY

保费 PREMIUM　as arranged	费率 RATE　as arranged	装载运输工具 PER CONVEYANCE SS.　YI XIANG　V307
开航日期 SLG. ON OR ABT.　as per bill of lading	自 FROM　SHANGHAI	至 TO　COPENHAGEN

承保险别：

CONDITIONS

ALL RISKS AND WAR RISK

AS PER CIC OF P. I. C. C.DATED 1/1/1981

所保货物，如遇出险，本公司凭本保险单及其他有关证件给付赔款。

CLAIMS, IF ANY, PAYABLE ON SURRENDER OF THIS POLICY TOGETHER WITH OTHER RELEVANT DOCUMENTS

所保货物，如发生本保险单项下负责赔偿的损失或事故，

IN THE EVENT OF ACCIDENT WHEREBY LOSS OR DAMAGE MAY RESULT IN A CLAIM UNDER THIS POLICY IMMEDIATE NOTICE

应立即通知本公司下述代理人查勘。

APPLYING FOR SURVEY MUST BE GIVEN TO THE COMPANY'S AGENT AS MENTIONED HEREUNDER:

J. G. SAFE & CO. A/S
631 MAPLE ALLE, DK-3240 VALBY
COPENHAGEN
TEL:(01)413277 FAX:(01)413376

中国太平洋保险公司上海分公司
CHINA PACIFIC INSURANCE CO. LTD.
SHANGHAI BRANCH

赔款偿付地点

CLAIM PAYABLE AT/IN　DENMARK IN US DOLLARS

日期 DATE　7-Aug-99　上海 SHANGHAI

诸平

General Manager

地址：中国上海中山南路56号 TEL:63234305 63217466-44 Telex: 33128 PICCS CN.

ADDRESS: 56 ZHONG SHAN NAN LU ROAD, SHANGHAI, CHINA

保单背书　GOLDEN SEA TRADING CORP.
X X X (signature)

3copies

图 6-1　中国太平洋保险公司保险单

（1）发票号码（INVOICE NO.）。此栏填写投保海洋货物运输保险货物商业发票的号码。

（2）保险单号（NO.）。此栏填写保险单号码。

（3）被保险人（INSURED）。如 L/C 和合同无特别定，此栏一般填信用证的受益人，即出口公司名称。如 L/C 无特殊要求，或要求“ENDORSED IN BLANK”一般也应填 L/C 受益人名称，可不填详细地址，但出口公司应在保险单背面背书。

（4）标记&唛头（MARKS & NOS.）。按信用证规定，保险单上标记应与发票，提单上一致。可单独填写，若来证无特殊规定，一般可简单填成“AS PER INV. NO. ×××”。

（5）包装及数量（QUANTITY）。此栏填制大包装件数，并应与提单上同一栏目内容相同。有包装的填写最大包装件数，有包装但以重量计价的，应把包装重量与计价重量都填注上；裸装货物要注明本身件数；煤炭、石油等散装货注明“IN BULK”再填净重；如以单位包装件数计价者，可只填总件数。

（6）保险物资项目（DESCRIPTION OF GOODS），又称货物名称或保险货物项目，根据投保单填写，要与提单此栏目的内容填写一致。一般允许使用统称，但不同类别的多种货物应注明不同类别的各自总称。

（7）保险金额（AMOUNT INSURED ）。保险金额应严格按照信用证和合同上的要求填制，保险金额应为发票金额加上投保加成后的金额，如信用证和合同无明确规定，一般都以发票金额加一成（即 110%的发票金额）填写。也可按含佣价加成投保，但须按扣除折扣后的价格加成投保。信用证支付方式下，应严格按信用证规定。

（8）保险费及保险费率（PREMIUM AND RATE）。此栏一般由保险公司填制或已印好 AS ARRANGED，除非信用证另有规定，如“INOURANCE POLICY ENDORSED IN BLANK FULL INVOICE VALUE PLUS 10% MARKED PREMIUM PAID”时，此栏就填入“PAID”或把已印好的“AS ARRANGED”删去加盖校对章后打上“PAID”字样。

（9）装载运输工具（PER CONVEYANCE S.S）。此栏内容要与运输单据一致，并应按照实际情况填写。

（10）开航日期（SLG ON OR ABT.）。此栏填制应按 B/L 中的签发日期或签发日期前 5 天内的任何一天填，或可简单填上 AS PER B/L。

（11）起讫地点（FROM...TO...）。此栏填制货物实际装运的起运港口和目的港口名称，货物如转船，也应把转船地点填上。如：FROM WUHAN（从武汉），CHINA TO NEW YORK（从中国到纽约），USA VIA HONGKONG（OR W/T HONGKONG）（美国经中国香港）。

（12）承保险别（CONDITIONS）。本栏系保险单的核心内容，填写时应注意保险险别及文句与信用证严格一致，投保的险别除注明险别名称外，还应注明险别适用的文本及日期。

（13）赔款偿付地点（CLAIM PAYABLE AT）。此栏应严格按照信用证或合同规定填制地点和币种两项内容，地点按信用证或投保单填写，币种应与保险金额一致。

（14）日期（DATE）。此栏填制保险单的日期。由于保险公司提供仓至仓服务，所以保险手续要求货物离开出口仓库前办理，保险单的签发日期应为货物离开仓库的日期或至少填写早于提单签发的日期、发运日或接受监管日。

（15）投保地点（PLACE）。此栏一般填制装运港口名称。

（16）签字（SIGNATURE）。此栏加盖与第一栏相同的保险公司印章并由其负责人签字。实际操作中其签章一般已经印刷在保险单上。保险单需经保险公司签章后方才生效。

（17）特殊条款（SPECIAL CONDITIONS）。如信用证和合同中对保险单据有特殊要求就填在此栏中。如来证要求“L/C NO. ××× MUST BE INDICATED IN ALL DOCUMENTS”（信用证号×××必须在所有文件中注明），即在此栏中填上 L/C NO. ×××。

（18）“ORIGINAL”字样。《跟单信用证统一惯例》条款中规定，正本保险单上必须有“ORIGINAL”字样。

三、知识链接

（1）Excluding risk of breakage. 不包括破碎险。

（2）Excluding natural loss in weight. 不包括途耗短量的损失。

（3）Covering all marine risks. 投保一切海运风险。

（4）Including the breakage does not cover the goods remarked in the invoice as originally damage. 包括破碎险，但不负责发票所示货物的原残损失。

（5）This insurance must be valid for a period of 60 days after arrival of merchandise at inland destination. 本保险期限扩展到货物到达内地的目的地后 60 天有效。

四、拓展提升

2008 年 4 月 23 日，福建新隆进出口有限公司外贸业务员赵萍填制好保函申请书，备齐相关资料，并交纳全额保证金，向中国银行福建省分行申请开立保函。2008 年 4 月 25 日，中国银行福建省分行通过审核，同意福建新隆进出口有限公司开立如下保函的申请，内容如下：

LETTER OF GUARANTEE

To: LK Footwear Inc. Date of Issue: Apr. 25, 2008

No. 876 Walk Rd., Vancouver, Canada

Dear Sirs,

Re: Our Irrevocable Guarantee No. 9999

We have been informed that Fujian Xinlong I/E Co., Ltd. (hereinafter called "the Principal") has entered into the contract No. XL0798 dated Apr. 22, 2008 with you, for the supply of Pac Boots.

Furthermore, we understand that, according to the conditions of the contract, you are required to make an advance payment to the Principal of amount USD22 320.00, being 30% of the total price against an advance payment guarantee.

This being stated, we, Bank of China, Fujian Branch (address: No. 136 Wusi Road, Fuzhou, 350003, China) , hereby irrevocably undertake to pay you, upon your first demand, any sum not exceeding USD22 320.00 (In words: United States Dollars twenty two thousand three hundred and twenty only.) , upon our receipt of your duly signed demand for payment in writing stating that the Principal is in breach of his obligation (s) under the contract.

For the purpose of identification, your written request for payment has to be presented through Bank of China (Canada), Vancouver Branch, (SWIFT CODE: BKCHCATTVAN) confirming that the signatures thereon are legally binding upon you.

This Guarantee shall only become effective and operative once the above-mentioned advance payment is received by the Principal into their account No. 80020002700605302 held with us.

This guarantee is valid until the 3rd month after the effective date of this guarantee. The guarantee shall automatically become null and void if your written request for payment together with a bank confirmation of your signatures is not in our possession at our above address on or before that date.

This Guarantee is subject to the Uniform Rules for Demand Guarantees, ICC Publication No. 458.

This Guarantee shall be governed by the law of China and all parties are hereto subject to the jurisdiction of the courts of China.

For and on Behalf of

BANK OF CHINA, FUJIAN BRANCH

____

Authorized Signature (s)

中国银行福建省分行通知福建新隆进出口有限公司，于 2008 年 4 月 30 日收到 LK Footwear Inc.的电汇款 USD22 320.00。中国银行福建省分行通知福建新隆进出口有限公司，于 2008 年 4 月 30 日收到 LK Footwear Inc.的电汇款 USD22 320.00。请问：

（1）该银行保函是属于哪一类保函？分别在何时生效和失效？

（2）如果福建新隆进出口有限公司未能按合同规定的期限发运，且不能及时退还预付款，则会产生什么后果？

项目七　国际货运报关

任务一　报关单

一、知识准备

出口报关指出口商或其代理人在货物出境时，向海关交验有关单据请求海关查验放行。按我国海关法规定，出口货物出运前必须向海关申报，经海关查验合格放行，才能装运出口。

出口货物报关单是国际贸易流程中报关环节最重要的单据，一项国际贸易的业务只有顺利通关，货物才能得以顺利装运，才能拿到海运提单，才有可能顺利结汇。本项目的任务是学习出口货物报关单的有关知识和内容，并掌握出口货物报关单填制的方法。

二、任务实施

全面了解货物报关、清关等相关的业务知识和基本环节，掌握出口货物报关单的填制。中华人民共和国海关出口货物报关单如图 7-1 所示。

出口货物报关单填写规范如下：

（1）预录入编号。填写申报单位或预录入单位对该单位填制录入的报关单的编号。

（2）海关编号。填写海关接受申报时给予的报关单的编号。

（3）出口口岸。填写实际出口的口岸海关的名称。

（4）备案号。填写进出口企业在海关办理加工贸易合同备案或征、减、免税审批备案手续时，海关给予的《登记手册》、免税证明或其他有关备案审批文件的编号。

（5）出口日期。运输工具申报出境的日期（根据配舱回单填写）。

中华人民共和国海关出口货物报关单

预录入编号：　　　　　　　　　　　　海关编号：

出口口岸 SHANGHAI CHINA	备案号	出口日期 1999/8/17	申报日期 1999/8/16
经营单位 金海贸易公司	运输方式 海洋运输	运输工具名称 YI XIANG V307	提运单号 JH-FLSBL01
发货单位 上海自行车集团公司	贸易方式 一般	征免性质	结汇方式 信用证
许可证号	运抵国(地区)　Denmark	指运港　Copenhagen	境内货源地
批准文号	成交方式 CIF	运费 RMB324,637.50	保费 RMB6713.69	杂费 RMB18,000.00
合同协议号 JH-FLSSC01	件数 1200	包装种类 CTN	毛重(公斤) 39600	净重(公斤) 33600
集装箱号	随附单据 商业发票，装箱单			生产厂家 上海自行车集团公司

标记唛码及备注 FLS
9711
COPENHAGEN
1-1200

项号	商品编号	商品名称、规格型号	数量及单位	最终目的国（地区）	单价	总价	币制	征免
		FOREVER BRAND BICYCLE						
1	8712.00	YE803 26'	600 sets	Denmark	66.00	39600.00	美元	
		TE600 24'	600 sets		71.00	42600.00	美元	
						82200.00		

税费征收情况

录入员　　录入单位	兹声明以上申报无讹并承担法律责任	海关审单批注及放行日期（签章）
报关员 XXX		审单　　审价
单位地址 吴兴路277号金都大厦8楼	申报单位(签章) GOLDEN SEA TRADING CORP.	征税　　统计
邮编　xxx　　电话　64331255	填制日期 1999-8-16	查验　　放行

图 7-1　中华人民共和国海关出口货物报关单

（6）申报日期。填写海关接受出口货物的收发货人或代理人申请办理货物出口手续的日期（6 位数，顺序为年、月、日各 2 位）。

（7）经营单位。填写对外签订并执行进出口合同的企业或单位的名称及单位编码。

（8）运输方式。根据实际运输方式按海关规定的《运输方式代码表》选填相应的运输方式，如海运、陆运或空运。

（9）运输工具名称。填写实际装运货物运输工具的名称及编号（根据配舱回单填写），如船名、航次。

（10）提运单号。填写出口货物提单货运单的编号（根据配舱回单填写）。

（11）发货单位。填写货物在境内的生产及销售单位的名称或其海关注册编码（填写国内供应商或出口商）。

（12）贸易方式。根据实际情况，按海关规定的《贸易方式代码表》选填相应的贸易方式，如一般贸易、加工贸易、易货贸易等。

（13）征免性质。按海关核发的《进出口货物征免税证明》中批注的征免性质填报“来料加工”“一般征税”等。

（14）结汇方式。根据实际情况按海关规定的《结汇方式代码表》选填相应的结汇方式，如托收、信用证等。

（15）许可证号。按实际情况填写批注该批货物出口的许可证号，非许可证范围内商品空白不填。

（16）运抵国。按海关规定的《国别（地区）代码表》选填相应的运抵国的中文名称或代码（一般为进口商所在国）。

（17）指运港。根据实际情况，按海关规定的《港口航线代码表》选填相应的港口中文名称或代码。

（18）境内货源地。根据出口货物生产厂家或发货单位所属国内地区按海关规定的《国内地区代码表》选填相应的国内地区名称或代码。

（19）批注文号。填写《出口收汇核销单》编号。

（20）成交方式。根据实际成交价格条款按海关规定的《成交方式代码表》选填相应的成交方式代码，如 CIF、 FOB 等。

（21）运费。本栏在出口货物的成交价格中含有运费时填写。除全部货物的国际运费外，还需按海关规定的《货币代码表》选填相应的币种代码。运保费合计计算的，运保费填报在本栏目。

（22）保费。本栏在出口货物的成交价格中含有保费时填写（除全部货物的国际运输保险费用外，还需按海关规定的《货币代码表》选填相应的币种代码，运保费合计计算的，运保费填报在运费栏目中）。

（23）杂费。填写成交价格以外的应从完税价格中扣除的费用，如手续费、佣金、回扣等，可按杂费总价或杂费率两种方式之一填报，按海关规定的《货币代码表》选填相应的币种代码）。

（24）合同协议号。填写出口合同或协议的号码。

（25）件数。填写有外包装的出口货物的实际件数。

（26）包装种类。填写出口货物的实际外包装种类，按海关规定的《包装种类代码表》选填相应的包装种类代码。

（27）毛重。填写出口货物的实际毛重（计量单位为公斤，不足一公斤的填报为 1）。

（28）净重。填写出口货物的实际净重（计量单位为公斤，不足一公斤的填报为 1）。

（29）集装箱号。填报打印集装箱编号及数量，非集装箱货物填报为 0。在多于一个集装箱的情况下，其余集装箱编号打印在备注栏或随附清单上（根据配舱回单填写）。

（30）随附单据。填写随出口货物报关单一并向海关递交的单证或文件，合同、发票、装箱单、许可证等必备的随附单证不在本栏目填报。

（31）生产厂家。填写出口货物的境内生产企业。

（32）标记唛码及备注。填写货物外包装上的标记唛码以及其他必须说明的事项。

（33）项号。填写该批货物在本报关单上的序号。

（34）商品编号。填写根据海关规定的商品分类编码规则确定的出口货物的编号。

（35）商品名称、规格型号。本栏分两行填报并打印，第一行打印出口商品的中文名称，第二行打印规格型号。

（36）数量及单位。按实际情况填写。

（37）最终目的国。根据实际情况，按海关规定的《国别（地区）代码表》填报相应的国家名称或代码。

（38）单价。填报同一项号下出口货物实际成交的商品单位价格。

（39）总价。填报同一项号下出口货物实际成交的商品总价。

（40）币制。根据实际成交情况按海关规定的《货币代码表》填报相应的货币名称或代码。

（41）征免。按海关核发的《进出口货物征免税证明》或有关政策规定，选择填报海关规定的《征减免税方式代码表》填报相应的征减免税方式。

（42）税费征收情况。本栏供海关批注出口货物税费征收及减免情况。

（43）录入员。填报预录入 EDI 报关单打印录入人员姓名。

（44）录入单位。填报预录入 EDI 报关单打印录入单位姓名。

（45）申请单位。填写出口报关单的填制方（针对申报内容的真实性直接对海关负责的企业名称及代码）。

（46）填制日期。填写实际填写本报关单的日期（6 位数，年月日各 2 位）。

（47）海关审单批注栏。由海关内部作业使用。

三、知识链接

承兑银行 accepting bank

实际重量 actual weight

装运通知，装船通知 advice of shipment

见票即付 at sight

指定的代理人 authorized agent

散装货 bulk cargo

凭提单付款 cash against bill of lading

佣金 commission

商品编码 commodity code

赔偿，补偿 compensation

确认 confirmation

保兑信用证 confirmed credit

保兑银行 confirming bank

保付商行 confirming house

四、拓展提升

案例背景：2011 年 7 月 15 日，广州黄埔玩具有限公司（以下简称“黄埔玩具”）与荷兰 QQ 玩具有限公司（以下简称“QQ 玩具”）双方签订销售合同。双方约定装船日期为 2011 年 8 月 1 日，2011 年 8 月 25 日将 4000 件玩具运至鹿特丹。双方签订的合同如下。

CONTRACT

合　同

合同号（**CONTRACT NO**）：**INVAC02**　　日期（**DATE**）：**2011-07-15**

买方：荷兰 **QQ** 玩具有限公司（**HOLLAND QQ TOY CO., LTD.**）

地址（**Address**）：**K P VAN DE MANDELELAAN 100, ROTTERDAM, 3062 MB NETHERLANDS**

TEL: 0031 82 52 230 5470　　**FAX：0031 82 52 230 5470**

卖方：广州黄埔玩具有限公司（**GUANGZHOU HUANGPU TOY CO., LTD。**）

地址（**Address**）：广州市天河区沐陂西街 **4** 号

NO.4 MU PO XI JIE, TIAN HE DISTRICT, GUANGZHOU POST CODE: 501663

Tel：（020）64351003　　**Fax：（020）64351003**

兹经买卖双方同意，由买方购进，卖方出售下列货物，按下列条款签订本合同：

This CONTRACT is made by and between the Buyer, the Sellers and the Manufacturer; whereby it is agreed that the

Buyer purchase and the Sellers supply the under mentioned goods according to the terms and conditions stipulated below:

1.货物名称、规格、数量、单价、总价

Name of Commodity ,Specifications 商品名称、规格	Quantity 数量	Unit Price 单价	Total Amount 总价
电动玩具火车 ELECTRIC TOY	4000 件	USD10	USD40000
总值 Total Value	USD40000		

2.价格术语：　　**CIF ROTTERDAM**

PRICE TERMS:

3.唛头：　　**INVAC02**

SHIPPING MARKS:　　**MADE IN CHINA**

C/NO.: 1-200

4.装运口岸：　　深圳港

PORT OF SHIPMENT:　　**SHENZHEN PORT**

5.目的港： 荷兰鹿特丹

PORT OF DESTINATION： **ROTTERDAM HOLLAND**

6.付款方式： 电汇

PAYMENT： T/T

7.装船日期： **2011 年 8 月 1 日**

DATE OF SHIPPMENT： **1 Aug, 2011**

广州黄埔玩具有限公司 荷兰 QQ 玩具有限公司

GUANGZHOU HUANGPU TOY CO., LTD **HOLLAND QQ TOY CO., LTD.**

业务受理：广州永久物流中心（以下简称“永久物流”）是集国际空海运、国内陆运、仓储、贸易物流为一体的国内综合性第三方物流中心，为黄埔玩具提供全方位的第三方物流服务。

2011 年 7 月 15 日，永久物流客户经理张军收到黄埔玩具（海关注册编号4401920053）的货运代理，委托其运输一批电动玩具火车到国外荷兰 QQ 玩具。装船日期为：2011 年 8 月 1 日。张军根据销售确认书确定此票货物为国际运输业务后，分别与公司的货代部、仓储部和深圳货运站进行联系，准备办理本批货物的出口运输业务。

租船订舱：2011 年 7 月 17 日，永久物流货代部王伟根据黄埔玩具出具的订舱委托书进行租船订舱。并于 2011 年 7 月 18 日收到船代公司的订舱确认凭证，航期为：2011 年 8 月 1 日，船名航次：DANU BHUM V.S009，提单号为：HACB8122145。

王伟根据订舱确认凭证/单签发送货通知给仓储部，要求其在 2011 年 7 月 25 日将货物运至深圳妈湾港货运码头广州永久物流中心货运站准备装箱。

仓储业务：2011 年 7 月 19 日，永久物流中心客户经理张军根据送货通知将发货通知交接给仓储部专门负责黄埔玩具库存货品的仓管员陈晓，准备这批货物的出库操作。发货通知详细内容如下：

发货通知单号：ASN201106130001 收货人：钱春

收货客户：广州永久物流中心货运站（深圳）

收货地址：深圳市南山区妈湾大道妈湾港货运码头

收货人电话：（0755）26823001 发货仓库：广州永久物流中心

发货地址：广州市白云区石井镇 8 号 货物名称：电动玩具火车

货物规格：20 个/箱 货物编号：XQB45-402G

发货数量：200 包装单位：箱

运输业务：2011 年 7 月 20 日，仓储部将出运的货物准备完成后，单证部向检验检疫局申请报检，并顺利获取《出境货物换证凭单》。确定该批货物为国际运输业务：首先将货物从仓库运送到永久物流在深圳码头设有专门负责国际进出口业务的货运站--广州永久物流中心货运站（深圳），在堆场进行装箱，然后进行通关操作。永久物流中心配送部与广州骐达物流有限公司协调沟通，委托其运输本批货物至广州永久物流中心货运站（深圳）。

2011 年 7 月 22 日上班之后，永久物流中心配送部计划员于科及时核对客户的出库通知及出库单信息后准备运输。计划员于科通知广州骐达物流有限公司于 2011 年 7 月 22 日提货，并将托运订单提交给广州骐达物流有限公司客服张岚。托运订单相关信息如下：

运单号：4710000000010

托运人：广州永久物流中心［联系人：于科；电话：（020）8835212；地址：广州市白云区石井镇 8 号；邮编：510407］

托运货物： 200 箱，包装方式为纸箱的电动玩具火车（总体积：26.945CBM；总重：3000KGS；净重：2944KGS）。

收货人：广州永久物流中心货运站（深圳）［联系人：钱春；电话：（0755）26823001；地址：深圳市南山区妈湾大道妈湾港货运码头；邮编：518066］

托运要求：

（1）要求取货和送货。

（2）7 月 25 日 9 点前到货。

结算方式：现结。

投保与否：不投保。

广州骐达物流有限公司张岚将托运订单信息传递给调度崔丽，崔丽根据托运订单信息进行调度安排，安排货运员蒋玉携取货通知单和空白的公路货物运单执行取货作业。7 月 22 日 11 点，蒋玉至取货地点进行取货，于 12 点现场受理并填制运单号为 4710000000010 的公路货物运单，并于 13 点起运。

7 月 25 日 8 点，广州骐达物流有限公司将货物运到广州永久物流中心港务办事处（深圳）。广州到深圳的运输里程为 147 公里。

装箱集港：永久物流货代部根据货物的特性，确定其所有货物可装箱于 1 个 20 尺的普柜中（集装箱自重 2280 千克）。7 月 26 日，永久物流持订舱确认凭证到堆场箱管科缴纳押箱费领取设备交接单到堆场提空箱，在广州永久物流中心货运站（深圳）处进行装箱作业。装箱完成之后，永久物流凭相关单据到港口检查桥完成货物的集港。

货物报关：7 月 28 日，永久物流货代部持出境货物换证凭单至口岸检验检疫中心顺利换取出境货物通关单，报关员开始办理货物的报关业务。永久物流在接到黄埔玩具提交的全套单据（合同、发票、箱单、核销单、出境货物通关单等材料）向深圳海关（7900）申请报关，办理出口货物通关业务。电动玩具火车的商品编码（H.S 编码）为 95031000，法定计量单位为千克。发票、箱单详细内容如下：

广州黄埔玩具有限公司

GUANGZHOU HUANGPU TOY CO.,LTD

INVOICE

TO: HOLLAND QQ TOY CO,.LTD

NO.OF INVOICE: 000996

DATE: 17JULY, 2011

FROM SHENZHEN TO ROTTERDAM

Sailing on or about 1 AUG , 2011

L/C NO.:

SALES CONFIRMATION NO.: INVAC02

B/L NO.: HACB8122145

Description of Goods	Unit Price	Amount
ELECTRIC TOY 电动玩具火车 PACKAGES: 200 CASES	USD10/PC	CIF ROTTERDAM USD40000 F: USD300 I: USD0.27%

广州黄埔玩具有限公司

GUANGZHOU HUANGPU TOY CO.,LTD

PACKING LIST

TO: HOLLAND QQ TOY Co.,LTD. NO.OF INVOICE: 000996

DATE: 18 JULY, 2011

FROM SHENZHEN TO ROTTERDAM

Sailing on or about 1 AUG , 2011

Country of origin:CHINA Country of destination: HOLLAND

Marks&Nos.	Number and Kind of Packages Description OF Goods	Quantity	Gross Weight	Net Weight
INVAC02 MADE IN CHINA C/NO.: 1-200	ELECTRIC TOY TOTAL: 200 CASES ONLY	4000PCS	3000KGS	2944KGS

CONTAINER NO.: TEXU8676881, 1*20’（200PACKAGES）

2011 年 7 月 30 日，海关通关放行，该批货物于 2011 年 8 月 1 日顺利装船。根据以上信息缮制报关单 7-1。

表 7-1

<table>
<tr><td colspan="9">中华人民共和国海关出口货物报关单</td></tr>
<tr><td>预录入编号</td><td colspan="3"></td><td></td><td>海关编号</td><td colspan="3"></td></tr>
<tr><td colspan="2">出口口岸</td><td colspan="2">备案号</td><td colspan="3">出口日期</td><td colspan="2">申报日期</td></tr>
<tr><td colspan="2">经营单位</td><td colspan="2">运输方式</td><td colspan="3">运输工具名称</td><td colspan="2">提运单号</td></tr>
<tr><td colspan="2">发货单位</td><td colspan="2">贸易方式</td><td colspan="3">征免性质</td><td colspan="2">结汇方式</td></tr>
<tr><td colspan="2">许可证号</td><td colspan="2">运抵国（地区）</td><td colspan="3">指运港</td><td colspan="2">境内货源地</td></tr>
<tr><td colspan="2">批准文号</td><td>成交方式</td><td>运费</td><td colspan="3">保费</td><td colspan="2">杂费</td></tr>
<tr><td colspan="2">合同协议号</td><td>件数</td><td colspan="2">包装种类</td><td colspan="2">毛重（公斤）</td><td colspan="2">净重（公斤）</td></tr>
<tr><td colspan="2">集装箱号</td><td colspan="5">随附单据</td><td colspan="2">生产厂家</td></tr>
<tr><td colspan="9">标记唛码及备注</td></tr>
<tr><td>项号</td><td>商品编号</td><td>商品名称、规格型号</td><td>数量及单位</td><td>最终目的国（地区）</td><td>单价</td><td>总价</td><td>币制</td><td>征免</td></tr>
<tr><td></td><td></td><td></td><td></td><td></td><td></td><td></td><td></td><td></td></tr>
<tr><td></td><td></td><td></td><td></td><td></td><td></td><td></td><td></td><td></td></tr>
</table>

任务二　出口退税和出口收汇核销单

一、知识准备

1. 出口退税概念

出口退税是国家为增强出口产品竞争力，对出口产品税收实行的一种先征后退政策。按我国出口退税政策规定，凡出口产品在国内生产和流通环节中已被征收产品税、增值税、营业税、特别消费税的，在该产品报关出口后，国家税务机构向出口单位直接退回已征的税款。出口退税是国际上通用的一种税收措施。

2. 出口退税管理

我国实行出口退税与出口收汇核销挂钩政策，按我国出口退税管理办法，出口单位申请出口退税，应向国家税务机关提交银行出具的结汇水单（见表 7-2）、出口收汇核销单（出口退税专用联）、出口货物报关单、出口销售发票、出口购货发票（“三单两票”），经国家税务机关审核无误，退还有关税款。

表 7-2

中国银行河南省分行买入外汇转帐通知——客户回单联 4

（资本金及经常项目结汇专用）

万事达贸易进出口有限公司　　S076001　　2005 年 10 月 8 日

<table>
<tr><td></td><td colspan="11">业务参号</td><td>外币金额</td><td colspan="11">备注</td></tr>
<tr><td></td><td colspan="11"></td><td></td><td colspan="11">申 430500000101051208N005</td></tr>
<tr><td></td><td colspan="11"></td><td></td><td colspan="11">核 016625402</td></tr>
<tr><td></td><td colspan="11"></td><td></td><td colspan="11">棉</td></tr>
<tr><td colspan="12">合计外币金额</td><td rowspan="3">牌价
806 09/100</td><td colspan="11">折人民币金额</td></tr>
<tr><td></td><td>亿</td><td>千</td><td>百</td><td>十</td><td>万</td><td>千</td><td>百</td><td>十</td><td>元</td><td>角</td><td>分</td><td>亿</td><td>千</td><td>百</td><td>十</td><td>万</td><td>千</td><td>百</td><td>十</td><td>元</td><td>角</td><td>分</td></tr>
<tr><td></td><td></td><td></td><td>U</td><td>S</td><td>D</td><td>1</td><td>5</td><td>3</td><td>5</td><td>2</td><td>0</td><td></td><td></td><td></td><td>¥</td><td>1</td><td>2</td><td>3</td><td>7</td><td>5</td><td>0</td><td>9</td></tr>
<tr><td colspan="12"></td><td></td><td colspan="11"></td></tr>
</table>

3．出口收汇核销的概念

出口收汇核销，是国家加强出口收汇管理，确保国家外汇收入，防止外汇流失，指定外汇管理部门对出口企业贸易下的外汇收入情况进行监督检查的一种制度。

4．出口收汇核销的程序、做法

根据《出口收汇核销管理办法及其实施细则》规定，出口收汇核销程序与做法如下：

（1）出口企业提前到外汇管理部门领取出口收汇核销单。

（2）出口企业报关时，向海关提交事先从外汇管理部门领取的有顺序编号的外汇核销单，经海关审核无误，在核销单和与核销单有相同编号的报关单上盖“验讫章”。

（3）报关后，出口企业在规定期限将核销单存根送回外汇管理局接受外汇管理部门对企业出口收汇情况的监督。

（4）货物出口后，出口企业将海关退给的核销单、报关单和其他有关单据送交银行收汇。

（5）货款汇交至出口地银行以后，银行向出口单位出具结汇水单或收账通知并在结汇水单或收账通知上填写有关核销单编号。

（6）出口单位凭出口收汇核销单和出口收汇核销专用联的结汇水单或收账通知及其他规定的单据，到国家外汇管理部门办理核销手续。

（7）国家外汇管理部门按规定办理核销后，在核销单上加盖“已核销”章，并将其中的出口退税专用联退还给出口单位作为日后退税依据。

二、任务实施：出口收汇核销单的填写

出口收汇核销单分为存根、正联、退税联三部分，各部分填写方法如下。

1. 存　根

（1）编号。应与出口报关单的编号一致。

（2）出口单位。填写领取核销单的单位的名称。

（3）单位代码。填写领取核销单的单位在外汇管理局备案的号码。

（4）出口币种总价。此栏填写出口成交货物总价及使用币种。一般情况下，须与报关单一致。溢短装出口时，可以不一致，但须提供该笔出口的货运提单副本（提单上有实际出口的数量和重量，根据发票或报关单上的单价与提单上的重量或数量相乘，即可得出实际出口的总金额）。

（5）收汇方式。填写信用证、托收、汇付。

（6）预计收款日期。依付款期限、地点不同按规定填写：

① 即期信用证和即期托收项下的货款，从寄单之日起，近洋地区 20 天内，远洋地区 30 天内结汇或收账。如：2000 年 6 月 1 日寄单，预计收款日期即应填写 2000 年 6 月 21 日。

② 远期信用证和远期托收项下货款，从汇票规定的付款日起，近洋地区 30 天内，远洋地区 40 天内结汇或收账。如港澳地区，预计收款日期为寄单日期加上邮程日期加上汇票规定的远期天数加上 30 天。例如：寄单日期为 2000 年 6 月 1 日，汇票为远期 180 天，则预计收款日期应为 2000 年 6 月 1 日 + 10 天 + 180 天 + 30 天，则为 2001 年 1 月 8 日。

（7）报关日期。同出口报关单右上角的出单日期。

（8）备注。填写出口单位就该核销单项下需说明的事项。如：北京甲进出口公司代广西乙进出口公司出口，收汇后，原币划转广西进出口公司，则该事项连同该受托公司的联系地址和电话应批注在备注栏内并加盖批注单位的公章。

（9）有效期。自领单日起四个月。此栏由外汇管理局填写。

2. 正　联

（1）出口单位。同存根。

（2）单位代码。同存根。

（3）银行签审。（类别、币种金额、日期、公章）填写收汇方式、币种总价、收结汇日期银行盖章。

（4）海关签注栏。海关验放该核销单项下的出口货物后，在该栏目内加盖“放行”或“验讫”章，并填写放行日期。如遇退关，海关需在该栏目加盖有关更正章。

（5）外汇管理局签注栏。由外汇管理部门将核销单、报关单、发票等配对审核无误后，在该栏内签注意见，并由核销人员签字，加盖“已核销”章。

3. 退税联

（1）编号。同存根。

（2）出口单位。同存根。

（3）单位代码。同存根。

（4）货物名称。同报关单。

（5）出口数量。同报关单。

（6）币种总价。同存根。

（7）报关单编号。按报关单左上角号码填写。

（8）外汇局签注栏。同正联。

EX：出口收汇核销单（如表 7-3 所示）

表 7-3 三联式出口收汇核销单

出口收汇核销单
存根

出口单位：
单位代码：
出口币种总价：
收汇方式：
预计收款日期：
报关日期：
备注：
此单报关有效期截止到：

出口单位盖章

出口收汇核销单

出口单位			
单位代码			
类别	币种金额	日期	盖章
海关签注栏：			
外汇局签注栏： 年 月 日（签章）			

出口单位盖章

海关盖章

出口中收汇核销单
出口退税专用

出口单位		
单位代码		
货物名称	数量	币种总价
报关单编号：		
外汇局签注栏： 年 月 日（签章）		

三、知识链接：出口退税计算

计算出口退税之前，首先要确定退税率。退税率不同于征收率。对于一般纳税企业，货物的增值税的征收率主要分为四档：免税、出口零税率、低档税率（13%）以及基本税率（17%）。相应的退税率为 5%～13%不等（随国家产业政策和税收政策不断调整）。征税税额和退税税额的差额作为企业的税赋成本，计入到出口商品总成本之中。

出口货物增值税退税的计算办法主要有三种：一是销项免税，进项税额退税，即“退税”办法；二是对销项税金先征后退，即“先征后退”办法；三是对销项免税，进项税金准予抵扣部分在内销货物的应纳税款中抵扣，不足抵扣的部分实行退税，即“免、抵、退”办法。第一种办法主要适用于外贸企业和实行外贸企业财务制度的工贸企业、企业集团等，第二、三种办法主要适用于生产企业和准予退税的外商投资企业。出口货物消费税退税的计算办法主要有两种：一是对外贸企业出口的应税消费品的退税；二是对生产企业自营或委托出口的应税消费品的免税。

1. 外贸企业出口货物应退增值税的计算

外贸企业出口货物增值税的计算应依据购进出口货物增值税专用发票上所注明的进项金额和退税率计算 。

计算公式如下：

应退税额＝出口货物的进项金额×退税率

如：某畜产进出口公司收购一批制刷用山羊毛，进货金额为 250 000 元，退税率为 10%，应退税额即为 25 000 元。

2. 生产企业出口货物增值税退税额的计算

生产企业出口货物增值税退税额的计算方法不同于外贸企业，它适用于“先征后退”的办法，即先按照年产值税的有关规定征税，然后按照出口货物离岸价折成人民币按退税率计算退税。具体公式为：

当期应纳税额＝当期内销货物的销项税金＋当期出口货物离岸价×外汇人民币牌价×征税税率－当期全部进项税额

当期应退税额＝当期出口货物离岸价×外汇人民币牌价×退税率

3. 出口货物应退消费税的计算

（1）从价定率征收公式：应免消费税税额＝出口销售收入×税率

（2）从量定额征收公式：应免消费税税额＝出口销售数量×单位税额

四、拓展提升

根据项目二、三的拓展提升中业务背景资料，回答相关问题。

（1）2008 年 4 月 30 日，福建新隆进出口有限公司与福州红景制鞋厂签订了 4800 双雪地靴的购销合同。假设福建新隆进出口有限公司 2008 年 6 月 18 日（星期三）接到福州红景制鞋厂的通知，预计 3 天后能完成 2400 双雪地靴的生产和装箱工作，请问：

① 外贸业务员赵萍应去福州红景制鞋厂进行哪个阶段的质量跟踪？该批商品出口前是否需要向当地出入境检验检疫局报检，为什么？

② 经查询，每周只有星期日才有班轮从厦门开往温哥华，货代公司的 20’GP/40’GP 整箱报价分别为 USD1500/1800，应如何订舱？为什么？

③ 在该笔业务中，福建新隆进出口有限公司除了要委托货代公司代理订舱之外，一般还需该公司代理哪些业务？

（2）2400 双雪地靴装船后，外贸业务员赵萍收到货代公司寄来的全套正本海运提单，并把海运提单传真给 LK Footwear Inc.，请问：

① 根据销售合同的规定，LK Footwear Inc. 应电汇多少美元给福建新隆进出口有限公司？为什么？

② 当外贸业务员赵萍收到 LK Footwear Inc. 银行汇款回单的传真件后，能否马上把全套正本海运提单和其他单据寄给 LK Footwear Inc.，为什么？

（3）假如福建新隆进出口有限公司顺利收到第一批货款后，在 2008 年 7 月 18 日把第二批 2400 双雪地靴顺利装运并从货代公司收到全套正本海运提单。外贸业务员赵萍把海运提单传真给 LK Footwear Inc. 后，对方公司无任何回应。后经查实该公司因经营不善而破产，导致无法履约。请问在此情况下，外贸业务员赵萍可采取哪些应对措施？

项目八　进口合同的履行

任务一　进口合同履行流程

一、知识准备

履行进口合同的主要流程是：开立信用证、租船订舱和催装、保险、审单和付汇、报关和接货、验收和拨交等。

二、任务实施

1. 开立信用证

进口合同签订后，按照合同规定填写开立信用证申请书向中国银行办理开证手续。信用证的内容都与合同条款一致，例如品质规格、数量、价格、交货期、装货期、装运条件及装运单据等，应以合同为依据，并在信用证中一一作出规定。

信用证的开证时间，应按合同规定办理。如合同规定在卖方确定交货期后开证，我方应在接到卖方上述通知后开证；如合同规定在卖方领到出口许可证或支付履约保证金后开证，应在收到对方已领到许可证的通知，或银行转知保证金已照收后开证。对方收到信用证后，如提出修改信用证的请求，经我方同意后，即可向银行办理改证手续。最常见的修改内容有展延装运期和信用证有效期、变更装运港口等。

2. 租船订舱和催装

FOB 价格条件下的进口合同，租船订舱应由买方负责。目前，我国进口货物的租船订舱工作统一委托外运公司办理。如合同规定，卖方在交货前一定时期内应将预计装货日期通知我方。我方在接到上述通知后，应及时向外运公司办理租船订舱手续。在办妥租船订舱手续后，我方应按规定的期限通知对方船名及船期，以便对方备货装船。同时，我方还应随时了解和掌握卖方备货和装前的准备工作情况，注意催促对方按时装运。对数量大的物资进口，如有必要亦可请我方驻外机构就地了解和督促，或派员前往出口地点检验监督。

国外装船后，卖方应按合同规定的内容，用电报通知我方以便我方办理保险和接货等手续。

3. 保　险

FOB 或 CFR 价格条件下的进口合同，保险由我方办理。凡是进口货物由我方进出口分司委托中国对外贸易运输公司办理，并由外运公司同中国人民保险公司签订预约保险合同，其中对各种货物应保的险别作了具体规定。按照预约保险合同的规定，所有按 FOB 及 CFR 条件进口货物的保险，都由中国人民保险公司承保。因此，每批进口货物，在收到国外装船通知后，将船名、提单号、开船日期、商品名称、数量、装运港、目的港等内容通知保险公司，即视作已办妥保险手续。

4. 审单和付汇

中国银行收到国外寄来的汇票及单据后，对照信用证的规定，核对审据的份数和内容。如内容无误，即由中国银行对国外付款。同时进出口公司用人民币按照国家规定的有关折算的牌价向中国银行买汇赎单。进出口公司凭中国银行出具的“付款通知书”向用货部门进行结算。如审核国外单据发现证、单不符时，要立即处理，要求其改正，或停止对外付款。

5. 报关和接货

进口货物到货后，由进出口公司或委托外运公司根据进口单据填写“进口货物报关单”向海关申报，并随附发票、提单及保险单。如属法定检验的进口商品，还须随附商品检验证书。货、证经海关查验无误，才能放行。

进口货物运达港口卸货时，港务局要进行卸货核对。如发现短缺，应及时填制“短卸报告”交由船方签认，并根据短缺情况向船方提出保留索赔权的书面声明。卸货时如发现残损，货物应存放于海关指定仓库，待保险公司会同商检局检验后做出处理。

6. 验收和拨交

进口货物须经商检局进行检验。如有残损短缺，凭商检局出具的证书对外索赔。对于合同规定在卸货港检验的货物，或已发现残损短缺有异状的货物，或合同规定的索赔期即将满期的货物等，都需要在港口进行检验。

在办完上述手续后，进出口公司委托中国对外贸易运输公司提取货物并拨交给订货部门，外运公司以“进口物资代运发货通知书”通知订货部门在目的地办理收货手续。同时通知进出口公司代运手续已办理完毕。如订货部门不在港口，所有关税及运往内地费用由外运公司向进出口公司结算后，进出口公司再向订货部门结算货款。

三、知识链接

进口价格核算的相关公式与计算方法如下。

1. FOB 术语、征收进口消费税和进口增值税的国内销售价格计算公式

国内销售价格 = 进口价格 + 进口费用 + 进口利润

进口价格 = FOB 价 = 国内销售价格 − 进口费用 − 进口利润

进口费用 = 国外运费 + 国外保费 + 进口关税 + 进口消费税 + 进口增值税 + 实缴增值税 + 银行费用 + 垫款利息 + 其他进口费用

进口关税（税额）= 进口关税的完税价格 × 进口关税率 = CIF × 进口关税率

进口关税的完税价格 = CIF = CFR + 国外保费 = FOB + 国外运费 + 国外保费

进口消费税 = 进口消费税的完税价格 × 进口消费税率

进口消费税的完税价格 =（进口关税的完税价格 + 进口关税）÷（1 − 进口消费税率）

进口增值税 = 进口增值税的完税价格 × 进口增值税率

进口增值税的完税价格 = 进口关税的完税价格 + 进口关税 + 进口消费税

实缴增值税 = 国内销售价格 ÷（1 + 增值税率）× 增值税率 − 进口增值税

其他进口费用包括国内运费、国内保费、港口杂费、报检费、报关费、业务定额费等。

进口利润 = 进口价格 × 预期利润率

注意事项：

（1）CFR 术语时，以上公式中进口价格为 CFR 价、不包括国外运费。

（2）CIF 术语时，以上公式中进口价格为 CIF 价、不包括国外运费和国外保费。

（3）不征收消费税时，以上公式中不包括进口消费税。

（4）进口免税时，以上公式中不包括进口关税、进口消费税、进口代缴增值税、实缴增值税。

2. 进口报价

进口商是在锁定国内销售价格、进口费用和进口利润的前提下，进口价核算。其计算公式为：

进口价格 = 国内销售价格 − 进口费用 − 进口利润

【例】（FOB 术语，不征消费税）上海 A 公司从德国 B 公司进口 SLK27-04 检测仪器 10 台，国内销售价格预定 3000.00 元/台。该仪器为纸箱包装，每箱装 1 台，每箱毛重 200 千克，纸箱尺码为 100cm × 120cm × 80cm，海洋运费按尺码计，每运费吨货物自 B 公司所在地德国汉堡至上海的基本运费为 90 美元；保险按 CIF 金额的 110% 投保，费率为 0.80%；银行贷款年利率为 9%，预计垫款时间为 2 个月；银行费用为进口成交金额的 0.5%；进口关税税率为 25%，增值税率为 17%；进口的其他费用，还包括领证费 800 元人民币，报关费 60 元，货物检验费 200 元，业务定额费 1200 元，国内运杂费 900 元，美元卖出价：1 美元 = 7.8000 元人民币。如果 A 公司预期进口利润率不低于 20%（按进口价格计），则 A 公司进口该仪器的 FOB 汉堡价格应该为多少？

解：进口价格 = 国内销售价格 – 进口费用 – 进口利润

（1）国内销售价格 = 3000 元/台

（2）进口费用 = 国外运费 + 国外保费 + 进口关税 + 进口增值税 + 实缴增值税 + 银行费用 + 垫款利息 + 其他进口费用

① 国外运费 = 运费吨 × 海运运价 = 1 × 1.2 × 0.8 × 90 × 7.8000 = 673.92 元/台

② 国外保费 = VIF 价格 × 保险加成 × 保险费率

CIF 价格 =（FOB + 国外运费）÷［1 –（1 + 保险加成率）× 保险费率］

=（FOB + 673.92）÷［1 –（1 + 10%）× 0.80%］= 1.0089FOB + 679.9032 将 CIF 价格代入国外保费计算公式得，

国外保费 = CIF × 保险加成 × 保险费率

=（1.0089FOB + 679.9031）× 110% × 0.80% = 0.0089FOB + 679.9.31

③ 进口关税 = 进口关税的完税价格 × 进口关税率 = CIF × 进口关税率

=（1.0089FOB + 679.9031）× 25% × 0.2522FOB + 169.9758

④ 进口增值税 = 进口增值税的完税价格 × 进口增值税率

=（进口关税的完税价格 + 进口关税）× 进口增值率

⑤ 实缴增值税 = 国内销售价格 ÷（1 + 增值税率）× 增值税率 = 3000 ÷（1 + 17%）= 435.8974 元/台

⑥ 银行费用 = 进口价格 × 银行费率 = 0.005FOB

⑦ 垫款利息 = 进口价格 × 垫款时间 × 垫款利率 = FOB × 2 ÷ 9% = 0.015FOB

⑧ 其他进口费用 =（800 + 60 + 200 + 1200 + 900）÷ 10 = 316 元/台

（3）进口利润 = 进口价格 × 预期利润率 = 0.2FOB

则进口价格（FOB）= 国内销售价格 – 进口费用 – 进口利润 = 3000 –（673.92 + 0.0089FOB + 5.9831 + 0.2522FOB + 169.9758 + 435.8974 + 0.005FOB + 0.015FOB + 316）– 0.2FOB

整理得，进口价格（FOB）= 944.0441 元/台 = 944.0441 ÷ 7.8000 = 121.03 美元/台。即，进口商进口价格至少在 121.03 美元/台以下方能保证 20%以上利润率。

3. 进口还价

在进口价格、进口费用和国内销售价格确定的情况下，核算进口利润，为进口还价提供依据。其计算公式为：

进口利润 = 国内销售价格 – 进口价格 – 进口费用.

例题中，出口商德国 B 公司收到上海 A 公司的报价，声称该报价过低，还价为 130 美元/台，该核算 A 公司在其他进口费用和国内销售价格不变的情况下，能实现多少预期利润。

进口利润=国内销售价格 – 进口价格 – 进口费用

（1）国内销售价格=3000 元/台

（2）进口价格 FOB=130 美元/台 × 7.8000 = 1014 元/台

（3）进口费用 = 国外运费 + 国外保费 + 进口关税 + 进口增值税 + 实缴增值税 + 银行费用 + 垫款利息 + 其他进口费用

① 国外运费 = 运费吨 × 海运运价 = 1 × 1.2 × 0.8 × 90 × 7.8000 = 673.92 元/台

② 国外保费 = CIF 价格 × 保险加成 × 保险费率 × 0.0089FOB + 5.9831 = 15.0077 元/台

③ 进口关税 = 进口关税的完税价格 × 进口关税率 = CIF × 进口增值税

= 0.2522FOB + 169.9758 = 425.7066 元/台

④ 进口增值税 = 进口增值税的完税价格 × 进口增值税率

=（进口关税的完税价格 + 进口关税 + 进口消费税）× 进口增值税

⑤ 实缴增值税 = 国内销售价格 ÷（1 + 增值税率）× 增值税率 – 进口增值税

④⑤相加，即进口增值税 + 实缴增值税 = 国内销售价格 ÷（1 + 增值税率）× 增值税率 = 3000 ÷（1 + 17%）× 17% = 435.8974 元/台

⑥ 银行费用 = 进口价格 × 银行费率 = 0.005FOB = 5.07 元/台

⑦ 垫款利息 = 进口价格 × 垫款时间 × 垫款利率 = FOB × 2 ÷ 9% = 0.015FOB = 15.21 元/台

⑧ 其他进口费用 =（800 + 60 + 200 + 1200 + 900）÷ 10 = 316 元/台

整理得，进口利润 = 国内销售价格 – 进口价格 – 进口费用

=3000 – 1014 –（673.92 + 15.0077 + 425.8285 + 435.8974 + 5.07 + 15.21 + 316）

= 99.1883 元/台

进口利率 = 进口利润 ÷ 进口价格 = 99.1883 ÷ 1014 = 9.78%

即上海 A 公司进口 SLK27 – 04 检测仪器 10 台进口利润只有 9.78%，远低于进口目标利润率。因此，A 公司要想达到 20%的进口目标利润率，一方面要与 B 公司磋商，使其降价；另一方面，要与国内买家磋商，使其升价，或降低进口费用。

四、拓展提升

根据以下业务背景资料，进行磋商操作。

沈阳嘉豪纺织品织造有限公司是一家生产型外贸企业，该公司根据市场行情和生产需要，计划拿出 RMB¥ 1 140 000 的总预算购买 2 台新的意大利产的 GGG 牌剑杆织机 Rapier Loom（不用国际招投标），现该公司指派外贸业务员 JACK 向该品牌亚洲总代理香港 ITMM Ltd.进口，并要求其报价。

2008 年 3 月 25 日，该公司收到 ITMM Ltd.报价如下：单价为 EUR40 000.00 /set FOB Genoa, Italy，收到信用证后 30 天内装运，按即期信用证支付。该剑杆织机的 H.S.编码为 8446302000，监管证件代码为 AO，进口关税税率为 8%，进口环节增值税税率为 17%，国外运费为 EUR2000，国外保费为 EUR200，港区费用 RMB¥2000，内陆运输费 RMB¥4000，银行费用按开证金额 0.15%计，其他费用合计 RMB¥2000，欧元牌价为 EUR1=RMB¥10.90/11.00。

（1）如果接受 ITMM Ltd.报价，请你替外贸业务员 JACK 计算购买这 2 台剑杆

织机的总金额。该总金额是否在沈阳嘉豪纺织品织造有限公司的采购预算之内？（请列出计算过程）

（2）该公司外贸业务员 JACK 给 ITMM Ltd.回函，接受 ITMM Ltd.的报价，但是要求将 L/C 的付款时间改为见票后 90 天付款。请问该信函是否属于接受函，为什么？

任务二　检验检疫证明

一、知识准备

出入境检验检疫，是指检验检疫部门和检验检疫机构依照法律、行政法规和国际惯例等的要求，对出入境的货物、交通运输工具、人员等进行检验检疫、认证及签发官方检验检疫证明等监督管理工作。

进出口商品检验检疫，是指在国际贸易活动中对买卖双方成交的商品由商品检验检疫机构对商品的质量、数量、重量、包装、安全、卫生以及装运条件等进行检验并对涉及人、动物、植物的传染病、病虫害、疫情等进行检疫的工作，在国际贸易活动中通常简称为商检工作。

检验证书是各种进出口商品检验证书、鉴定证书和其他证明书的统称，本任务是了解各种检验证书。

1. 商品检验证书的含义

商品检验证明书（Inspection Certificate）是由中国出入境检验检疫局以国家行政机构的身份，对进出口商品进行检验和鉴定后对外签发的、具有法律效力的证书，它是证明卖方所交货物与合同规定是否相符的依据，也是报关验放的有效凭证。

2. 商品检验证书的作用

（1）作为议付货款的一种单据，如果检验证书中所列的项目或检验结果和信用证的规定不符，有关银行可以拒绝议付货款。

（2）作为证明交货的品质、数量、包装以及卫生条件等是否符合合同规定的依据。

（3）如交货品质、数量、包装以及卫生条件与合同规定不符时，买卖双方可以凭此作为拒付、索赔或理赔的依据。

二、任务实施：商品检验证书的制作说明及注意事项

（1）各种商品检验证书的格式基本相同，都有以下各项：① 编号和出证日期；② 发货人；③ 收货人；④ 品名；⑤ 报检重量及数量。各项目均须保持与其他单据的各相应的项目一致。

（2）除上述 5 个项目外，各证书都有检验结果栏。检验结果栏内填写对各个不同检验项目的检验结果做出的适合的评语。

（3）发货人一般在货物装运前至少 10 天，填制出境货物报检单向当地商检机构申请报验，商检机构检验后出具相关证书。

三、知识链接

入境货物报检单填写示例如图 8-1 所示。

中华人民共和国出入境检验检疫
入境货物报检单

报检单位（加盖公章）：天津景泰达进出口代理公司 *编 号

报检单位登记号：5250000３541 联系人：吴雅丽 电话：13654563554 报检日期：2011 年 08 月 11 日

发货人	（中文）	日本豪凌摩托车贸易有限公司	企业性质（划“√”或补填）	
	（外文）	JAPAN HAO LING MOTORCYCLE TRADE CO.,LTD.		
收货人	（中文）	明朗进出口贸易有限公司		
	（外文）	CLEAR THE IMPORT AND EXPORT TRADE CO.,LTD.		

货物名称（中/外文）	H.S.编码	原产国（地区）	数/重量	货物总值	包装种类及数量
雅马哈摩托车 1辆/箱	87112030001	日本	38辆/6308KGS	USD10,000.00	38箱

运输工具名称号码	MCS BOSTON 102E			合同号	TX2000523
贸易方式	一般贸易	贸易国别（地区）	日本	提单/运单号	SNL JP62912356
到货日期		启运国家（地区）	日本	许可证/审批号	2011122430
卸货日期		启运口岸	神户	入境口岸	天津
索赔有效期至		经停口岸		目的地	天津
集装箱规格、数量及号码	1×20′，CBHU3202732				
合同订立的特殊条款以及其他要求				货物存放地点	天津
				用　　途	
随附单据（划“√”或补填）	标 记 及 号 码		*外商投资财产（划“√”）		□是□否

□报检委托单 □报关单 □验收报告 □磅码单 □理货清单 □质保书 ☑装箱单 □到货通知 ☑许可/审批文件	□原产地证 □卫生证书 □动物检疫证书 ☑合同 □植物检疫证书 □兽医卫生证书 ☑提/运单 ☑发票	N/M	*检验检疫费	
			总金额（人民币元）	
			计费人	
			收费人	
报检人郑重声明： 1. 本人被授权报检。 2. 上列填写内容正确属实。 签名：			领 取 证 单	
			日期	
			签名	

注：有“*”号栏由出入境检验检疫机关填写　　◆国家出入境检验检疫局制

图 8-1

四、拓展提升：办理进口批件和开证操作

根据任务一和以下业务背景资料，回答相关问题和完成相关操作。

通过反复磋商，双方于 2008 年 3 月 28 日达成共识，并签署合同条款如下：

CONTRACT

Contract No: JH08009 **Date of Signature:** Mar. 28, 2008

The Buyer: Shenyang Jiahao Fabric Weaving Co., Ltd.

Address: No. 23 Nanjing Rd. Shenyang, China

The Seller: ITMM Ltd.

Address: No. 19 Wang Hoi Rd. Kowloon Bay, Kowloon, Hong Kong

This Contract is made by and between the Buyer and Seller, whereby the Buyer agrees to buy and the Seller agrees to sell the under-mentioned commodity according to the terms and conditions stipulated below：

1. Description of Goods: GGG Rapier Loom 1900mm working width

2. Quantity: 2 sets

3. Unit Price: EUR40 000.00 /set FOB Genoa, Italy

4. Total Value: EUR80 000.00 （Say in Euro Eighty Thousand only）

5. Country of Origin and Manufacturer: Italy/GGGTECH

6. Packing: The Seller shall undertake to pack the goods in container with skid packing suitable for long distance ocean transportation, and be liable for any rust, damage and loss attributable to inadequate or improper protective measure taken by the Seller in regard to the packing.

7. Shipping Mark: JH08009

DALIAN, CHINA

8. Time of Shipment: All 2 sets rapier looms will be shipped within May 31, 2008, subject to the L/C opening not later than Apr. 15, 2008. Partial shipment and transshipment are prohibited.

9. Port of Shipment and Destination: From Genoa, Italy to Dalian, China

10. Insurance: Shipment insurance shall be covered by the Buyer.

11. Terms of Payment: The Buyer shall open 100% L/C at 90 days after sight in favor of the Seller and remaining valid for negotiation in Hong Kong for further 15 days after the effected shipment. Advising bank: Intesa Sanpaolo S.P.A., Hong Kong Branch, Hong Kong, SWIFT: IBSPHKHHXXXXN

12. Documents:

a. Full set of clean on board ocean Bills of Lading marked freight to collect and made out to order, blank endorsed, and notify the Buyer

b. Invoice in quintuplicate indicating contract number

c. Packing List in quintuplicate

d. Certificate of Quality and Quantity in duplicate issued by the Manufacturer

e. Certificate of Italian Origin in 1 copy issued by Manufacturer

f. A copy of the fax to the Buyer, advising the shipment details within three working days after it is effected

Note: The Seller shall send within 10 working days one copy each of the above mentioned documents, with the exception of Item（f）of this Clause, to the Buyer.

13. Guarantee of Quality: The Seller shall guarantee that the goods, when correctly mounted and properly operated and maintained, shall give satisfactory performance for a period of 12 months from the date of its commissioning but not later than 18 months after B/L date.

14. Inspection and Claims:

(1)After the arrival of the goods at the port of destination, the Buyer shall apply to the China Entry-Exit Inspection and Quarantine Bureau （CIQ）for a preliminary inspection in respect of the quality, specification and quantity of the goods and a Survey Report shall be issued by CIQ. If discrepancies are found by CIQ regarding specifications, and/or the quantity, except when the responsibilities lie with the insurance company or shipping company, the Buyer shall, within 120 days after arrival of the goods at the port of destination, have the right to reject the goods or to lodge a claim against the Seller.

（2）Should the quality and specifications of the goods not be in conformity with the contract, or should the goods prove defective within the guarantee period stipulated in Clause 13 for any reason, including latent defects or the use of unsuitable material, the Buyer shall arrange for a survey to be carried out by CIQ and shall have the right to lodge a claim against the Seller on the strength of the Survey Report.

15. Banking Charges: All banking charges outside the opening bank are for the Seller's account.

16. Other Terms: （omitted）

This contract is made in two originals, one original for each party in witness thereof.

THE BUYER: SHENYANG JIAHAO FABRIC WEAVING CO., LTD.

李嘉豪（手签）

THE SELLER: ITMM LTD.

NICK（手签）

（1）此合同签订后，沈阳嘉豪纺织品织造有限公司外贸业务员 JACK 需要办理什么进口批件？为什么？

（2）2008 年 4 月 1 日，外贸业务员 JACK 向中国农业银行沈阳分行申请电开证，请填制以下开证申请书（见表 8-1）。

表 8-1

<table>
<tr><td colspan="3">IRREVOCABLE DOCUMENTARY CREDIT APPLICATION</td></tr>
<tr><td colspan="2">TO: Agricultural Bank of China, Shenyang Branch</td><td>Date: Apr. 1, 2008</td></tr>
<tr><td colspan="2" rowspan="2">(　　) Issue by airmail
(　　) With brief advice by teletransmission
(　　) Issue by teletransmission
(　　) Issue by express</td><td>Credit No.</td></tr>
<tr><td>Date and place of expiry</td></tr>
<tr><td colspan="2">Applicant</td><td>Beneficiary</td></tr>
<tr><td colspan="2">Advising Bank</td><td>Amount:
Say:</td></tr>
<tr><td>Partial shipments</td><td>Transshipment</td><td>Credit available with</td></tr>
<tr><td>(　　) allowed
(　　) not allowed</td><td>(　　) allowed
(　　) not allowed</td><td rowspan="3">By (　　) sight payment (　　) acceptance
(　　) negotiation (　　) deferred payment at against the documents detailed herein
(　　) and beneficiary's draft (s) for % of invoice value at sight drawn on</td></tr>
<tr><td>Loading on board:
not later than
For transportation to:</td><td></td></tr>
<tr><td colspan="2">(　　)FOB(　　)CFR(　　)CIF(　　)other terms</td></tr>
<tr><td colspan="3">Documents required: （marked with X）</td></tr>
<tr><td colspan="3">1. (　　) Signed commercial invoice in ____ copies indicating L/C No. and Contract No. ______.</td></tr>
<tr><td colspan="3">2.(　　)Full set of clean on board Bills of Lading made out to order and blank endorsed, marked “freight [　] to collect / [　]prepaid” notifying ______ .
(　　) Airway bills/cargo receipt/copy of railway bills issued by _________ showing “freight [　]to collect/
[　] prepaid” [　] indicating freight amount and consigned to____________</td></tr>
<tr><td colspan="3">3. (　　) Insurance Policy/Certificate in_____for _____of the invoice value blank endorsed, covering___________</td></tr>
<tr><td colspan="3">4. (　　) Packing List/Weight Memo in____copies indicating quantity, gross and net weights of each package.</td></tr>
<tr><td colspan="3">5. (　　) Certificate of Quantity and/or Quality in____copies issued by ___________.</td></tr>
</table>

续表

6. (　　) Certificate of ____Origin in____ copies issued by _____________.	
7. (　　) Beneficiary's certified copy of fax send to the applicant within _________ days after shipment advising L/C No., name of vessel, date of shipment, name, quantity, weight and value of goods. (　　) Other documents, if any	
Description of goods:	
Additional instructions:	
1. (　　) All banking charges outside the opening bank are for beneficiary's account.	
2. (　　) Documents must be presented within ____ days after date of shipment but within the validity of this credit (　　) Other terms, if any	
STAMP OF APPLICANT:	沈阳嘉豪纺织品织造有限公司 李嘉豪（手签）

任务三　进口收汇核销与索赔

一、知识准备

1. 进口收汇核销的概念

进口收汇核销，是以贸易付汇的金额为标准，核对是否有相应的实际货物进口到国内或有其他证明抵冲对外付汇的一种事后管理措施。核对的依据是海关对相应进口货物的监管情况。现行进行付汇核销的管理办法要求是逐笔核销，即一笔进口付汇，对应一套单据资料，办理一次核销手续。

2. 进口收汇核销的程序、做法

根据《进口收汇核销管理办法及其实施细则》规定，进口收汇核销程序、做法如下：

（1）企业登记。未开立经常项目外汇账户的企业凭介绍信/工商营业执照/组织机构代码证/进出口企业资格证（或批准证书/或备案表）到外管局登记；已开立经常项目外汇账户的企业凭申请书/进出口经营权备案登记表或银行经常项目外汇账户开户证明办理登记。外管局将企业信息录入《贸易进口付汇监管系统》。

（2）办理《进口付汇备案表》。“不在名录”“异地付汇”“由外管局审核真实性的进口单位”外汇，须先持有关材料到外管局办理进口付汇备案手续，领取外管局签发的《进口付汇备案表》后再到外汇指定银行办理开证或购/付汇。

（3）外管局向外汇指定银行公布“对外付汇进口单位名录”。

（4）银行付汇数据录入。进口单位付汇后，根据银行报送的贸易《贸易进口核销单》或《对外付汇/承兑通知书》，外管局将付汇单位的付汇数据录入到《贸易进口付汇监管系统》中。

（5）办理进口核销手续。进口单位在有关货物报关后一个月内到外管局办理进口核销报审手续（货到付款结算方式的进口付汇除外）。

二、任务实施：进口索赔

进口商品到货后，进口商如发现商品品质、数量、包装等不符合合同的情况，应及时委请商检部门对进口货物进行检验、鉴定，出具商检证书，在弄清事实、分清责任归属基础上，向有关责任方提出索赔。

（一）进口的索赔对象

贸易中进口方的索赔对象有三个：向卖方索赔、向承运人索赔、向保险公司索赔。

（二）进口索赔应注意的问题

进口商办理进口索赔手续，须注意以下问题：

1. 索赔证据

进口商对外提出索赔必须准备索赔证据，包括制备索赔清单，随附商检局签发的检验证书、残损证明以及货物的发票、装箱单、提单副本。其次，对不同的索赔对象，还须另附有关证件。

向卖方索赔时，应在索赔证据中提出确切的根据和理由，如系 FOB 或 CFR 合同，必须随附保险单一份。

向轮船公司索赔时，须另附由船长及港务局理货员签证的理货报告及船长签证的短卸或残损证明。

向保险公司索赔时，须另附保险公司与买方的联合检验报告等。

根据国际惯例，买方向卖方索赔的金额，应与卖方违约造成的损失相等。除损失的商品价值外，索赔的金额还可包括其他有关费用。例如商品检验费、装卸费、银行手续费、仓租、利息以及预期的利润。至于索赔的金额具体应包括哪几项，应根据实际情况确定。

2. 索赔期限

对外索赔必须在合同索赔有效期限内提出，过期无效。如果商检工作需要时间较长，买方可向对方要求延长索赔期限。如果买卖合同中未规定索赔期限，买方行使索赔权的最长期限为其实际收到货物起不超过两年。向轮船公司提出海运货损索赔，索赔期限为被保险货物在卸载港全部卸离海轮后一年之内；向保险公司索赔，索赔期限为货物在最后卸载港全部卸离海轮后两年之内。

3. 妥善保管受损货物

如果货物受损责任在卖方，进口方可向卖方提出索赔。在卖方同意赔偿前，进口方须保持货物的原状并做好妥善保管。如果买方不能按实际收到的货物的原状归还货物，他就丧失了宣告合同无效或要求卖方交付替代货物的权利。

（三）索赔函

索赔函是受损方向违约方提出索赔要求的书面文件。它是企业解决进出口业务纠纷，维护企业和国家利益，保障企业信誉的重要手段。索赔函的内容一般包括标题、正文、附件等。

理赔是一项政策性、法律性和技术性很强的工作。实践中，理赔工作须本着实事求是精神，尽可能通过友好协商的办法解决。理赔工作应争取做到既维护我方的正当权益，又不影响双方的贸易关系。贸易中，理赔一般应注意以下几点：

（1）理赔时，我方应认真细致地审核国外买方提出的单证和出证机构的合法性，对其检验的标准和方法也都要一一核对，以防买方弄虚作假或国外的检验机构检验有误。

（2）认真做好调查研究，弄清事实，分清责任。理赔时，我方应会同生产、运输部门对商品品质、包装、储运、备货、运输等进行认真分析研究，查清货物发生损失的环节、原因，确定责任范围，如属于船公司或保险公司的责任范围，应交船公司或保险公司处理；如确实属卖方的责任，应实事求是地依法予以赔偿。当然，对国外客户提出的不合理要求，我方应依法予以拒绝。

（3）合理确定损失程度、金额及赔偿办法。理赔工作应争取做到既赔偿对方损失，又维护我方的正当权益，同时又不影响双方关系和日后业务发展。

三、知识链接

出口许可证 export license

卫生检疫证书 sanitary certificate

商品检验证书 inspection certificate

原产地申明 declaration of origin

植物检疫证书 phytosanitary certificate

动物检疫证书 veterinary certificate

原产地证书 certificate of origin

地区名称证书 regional appellation certificate

优惠原产地证书 preference certificate of origin

普惠制原产地证书 certificate of origin form GSP

四、拓展提升

根据项目八任务二、任务三和以下业务背景资料，回答下面相关问题。

2008 年 4 月 4 日，中国农业银行沈阳分行开出信用证。4 月 28 日，ITMM Ltd. 通知沈阳嘉豪纺织品织造有限公司预计 7 天内能发货。外贸业务员 JACK 通过兆荣国际货代公司订了东方海外 Orient Overseas Container Line Ltd.班轮的舱位，航次为 06W20，船名为 WAN HAI 603，5 月 9 日在意大利热那亚港装船。兆荣国际货代公司在热那亚港代理商的信息：

名称：KUK International Freight Forwarding Co., Ltd.　地址：No.45 Jim Rd. Genoa, Italy

联系人：Henry　电话：0039-419-891-0088　传真：0039-419-891-0077

（1）请你代外贸业务员 JACK 用英文书写如下的装船指示。

Dear Sir,   Best regards, Jack

（2）5 月 23 日，该公司收到开证行的到单通知书和单据副本，要求在 5 月 30 日前做出是否承兑汇票的答复。否则，将于 5 月 30 日对外承兑，不再另行通知。请问：

① 该公司为什么必须要在 5 月 30 日前做出是否承兑汇票的答复？

② 外贸业务员 JACK 在此期间除了审核单据之外，还需要做哪些工作？

（3）该公司同意开证行承兑汇票后，取单提货并对机器进行安装和调试。该机器正常运行 35 天后出现故障，该公司通知供应商前来维修，但供应商一直未派人前来修复。在汇票承兑后的第 90 天，该公司要求开证行以产品质量达不到合同要求为由拒付。请问开证行能否拒付，为什么？外贸业务员 JACK 面对此种情况该采取哪些措施挽回公司损失？你如果做这笔业务，从中可以吸取哪些教训？

部分参考答案

项目二

任务一　贸易术语的选择及成本核算

四、拓展提升：出口报价核算与发盘操作（8 分）

出口退税额=采购成本÷（1＋增值税率）×出口退税率

=93.6÷（1＋17%）×11%=8.8 元/双（1 分）

出口成本=采购成本-出口退税额=93.6-8.8=84.8 元/双（1 分）

国内费用=国内运费＋其他所有国内费用

=2400÷1200＋93.6×3%=2＋2.808=4.808 元/双（1 分）

国外运费=1560÷1200=1.3 美元/双（1 分）

出口利润=93.6×10%=9.36 元/双（1 分）

因为公司规定，每 1 美元每月扣减 6 分人民币，这笔业务预期的收款时间约 3 个月，所以报价时要比当日的牌价扣减 18 分人民币，即采用的美元牌价为：

USD1=RMB¥6.808（6.988-0.18）（1 分）

FOB Xiamen =出口成本＋国内费用＋出口利润

=（84.8＋4.808＋9.36）÷6.808=14.54 美元/双（1 分）

CFR Vancouver ==14.54＋1.3=15.84 美元/双（1 分）

任务二　交易磋商

四、拓展提升：出口发盘操作（7 分）

Dear Anne, Thanks for your inquiry on Apr. 8，2008. Our offer is as follows：（0.5 分） ① Pac Boots Style No.NM1048（0.5 分） ② Packing：packed in 1pair/box , then 6 boxes/carton（1 分）

③ Unit price: USD14.54/pair FOB Xiamen（0.5 分）
USD15.84/ pair CFR Vancouver, Canada（0.5 分）
④ Minimum Order Quantity: 1200 pairs（1 分）
⑤ Payment: by T/T against the fax of B/L.（1 分）
⑥ Shipment: within 60 days after the contract date.（1 分）

This offer is valid subject to your reply here before Apr. 15, 2008.（1 分）
Awaiting your early reply.

Best wishes,
Zhaoping

任务三　国际货物买卖合同的签订

三、知识链接（5 分）

（1）湖南郴州天中对外贸易有限公司以不可抗力为由解除该合同的要求不合理。（1 分）

（2）不可抗力是指买卖合同签订后，不是由当事人的过失或疏忽，而是由于发生了当事人不能预见、无法预防、无法克服的意外事故致使合同不能履行或不能如期履行，发生意外事故的一主可以全部或部分免除履行合同的责任或可以延迟履行合同。（1 分）

如因战争、地震、水灾、火灾、暴风雨、雪灾或其它不可抗力的原因致使卖方不能全部或部分装运或延迟装运合同货物，卖方对这种不能装运或迟缓装运本合同货物不承担责任。但卖方须用电报或电传通知买方，并须在合同规定的时间内以航空挂号信件向买方提交有关证明此类事故的书面材料。（1 分）

（3）在本案例中，湖南郴州天中对外贸易有限公司不能如期的原因是属于不可抗力，并将国内外报道的报纸及受灾图片发给美国大路贸易公司，所以不用承担不能如期交货的责任。（1 分）但是该事故只导致该公司下属企业暂时不能生产，只要恢复供电即可投入生产，因此该公司不能解除该合同，应该延迟履行合同。（1 分）

四、拓展提升：签订出口合同操作（共 15 分）

Commodity & Specification	Quantity	Unit Price	Amount
（1）Pac Boots Style No.NM1048（1 分）	（2）4800pairs（1 分）	（3）CFR Vancouver, Canada USD15.50/pair（1 分）	（4）USD74400.00（1 分）
Total	4800pairs		USD74400.00
Total Contract Value: （5）U.S.Dollars seventy four thousand four hundred only.（1 分）			

PACKING: (6) packed in 1pair/box , then 6 boxes/carton (1 分)

TIME OF SHIPMENT: (7)within 90 days after receiving the 30% of contract value by T/T In advance, (1 分)

PORT OF LOADING: (8) Xiamen, China. (1 分)

PORT OF DESTINATION: (9) Vancouver, Canada (1 分)

Transshipment is (10) allowed (1 分) and partial shipment is (11) is allowed (1 分).

INSURANCE: Covered by the buyer.

TERMS OF PAYMENT: (12) 30% of proceeds payable by T/T, (1 分) after the buyer received the advance payment guarantee (1 分)issued by the seller's bank for 30% of proceeds; (1 分) 70% of proceeds payable by T/T against the fax copy of B/L. (1 分)

项目四

任务一 装箱单

四、拓展提升

装 箱 单

CONTAINER LOAD PLAN

						集装箱号 Cntr No.	GLDU2963973
						铅封号 Seal No.	0121416
船名 Vessel	ALBERTA	船次 Voy	426E	目的港 Destination	VANCOUVER	集装箱规格 Cntr Type	20/GP
提单号 B/L No.	标记 Shipping mark	件数及包装 Packing& Numbers	品名 Description	毛重 G.W (kgs)	整箱重 Container G.W (kgs)	体积 Measurement	收货人及通知人 Consignees & Notify Party
CMAACSF	TERRAZZO NO.00033507	1SET	沸腾干燥机	4000		18.6 CBM	TERRAZZO & MARBLE SUPPLY COMPANIES 77 SOUTH WHEELING ROADD, WHEELING, IL60090 U.S.A
装箱地点 Loading Spot	上海新六联物	装箱日期 Loading Date	2012-01-05		发货人 Shipper	SHANGHAI HUIZHONG MARBLE CO.,	

图 1

备注：

①“装箱地点”完整答案为“上海新六联物流有限公司堆场”。

②“发货人”完整答案为“SHANGHAI HUIZHONG MARBLE CO., LTD. NO.918 JIAXIN ROAD JIADING INDUSTRIAL AREA SHANGHAI 201818 CHINA”。

任务二　报检单

四、拓展提升

中华人民共和国出入境检验检疫
出境货物报检单

报检单位（加盖公章）：河北器械贸易有限公司　　*编　号

报检单位登记号：1301012350　联系人：王燕　电话：13412345678　报检日期：2011 年 05 月 05 日

发货人	（中文）	河北器械贸易有限公司
	（外文）	HEBEI EQUIPMENT TRADE CO., LTD.
收货人	（中文）	印度DTW有限公司
	（外文）	INDIA DTW CO., LTD.

货物名称（中/外文）	H.S.编码	产地	数/重量	货物总值	包装种类及数量
HYDRAULIC CRAWLER	8429521200	河北石家庄	1台/2400KGS	USD23500.00	1箱

运输工具名称号码	TAGFRT 08574	贸易方式	一般贸易	货物存放地点	
合同号	QXCK234	信用证号		用途	
发货日期		输往国家（地区）	印度	许可证/审批号	
启运地	天津新港	到达口岸	清奈	生产单位注册号	1301012350
集装箱规格、数量及号码					

图 2

备注：

“货物名称（中/外文）”完整答案为“HYDRAULIC CRAWLER EXCAVATORQX03212”。

任务三　商业发票

四、拓展提升

表 1

柳州林道轻型木结构制造有限公司				
商业发票				
DATE:2017-2-6				
CONSIGNEE:YOUNGLIMFORESTRY CO,LTD		MEANS OF TRANSPORTATION:船运		
FROM：广西　柳州			TO：　韩国　仁川（INCHON）	
Marks	Description of Goods	Quantity	Unit price（USD）	Amount（USD）
		立方米 M^3	CFR	仁川
N/M	木门框架			
	（1800-2400）mm×（110-200）mm×（30-40）mm	85.772	510	43743.72
	2100mm×80mm×33mm	16.144	520	8394.88
		合计：101.916		52138.60
			产地:柳州	
	运费:USD800.00			

任务四　汇票

四、拓展提升：形式发票

ISSUER				形式发票	
TIANJIN MEIMEI DRESS CO.,LTD. HAGUGANG TOWN.WUQING DISTRICT.				PROFORMA INVOICE	
TO					
M/S. EVINCE GARMENTS LTD. PLOT NO.33. SECTION-7. MIRPUR DHAKA-1216 AUSTRALIA				NO.	DATE
				TGBA2011-1	2011-04-13
TRANSPORT DETAILS				S/C NO.	L/C NO.
FROM TIANJIN/CHINA TO BELL BAY/AUSTRALIA BY SEA				TGBA2011	100310060091
				TERMS OF PAYMENT	
				120 DAYS FROM THE DATE OF NEG	
Marks and Numbers	Number and kind of package	Description of goods	Quantity	Unit Price	Amount
N/M	2737PCS	POLYESTER FIBER OF MEN'S SUITS CONTRACT NO. TGBA2011	2737PCS	CIF BELL BAY USD3.00/PC	USD8211.00
		Total:	300CAR		
SAY TOTAL:	SAY EIGHT THOUSAND TWO HUNDRED AND ELEVEN USD ONLY				
PORT TO LOADING:		TIANJIN			
PORT OF DESTINATION:		BELL BAY			
TIME OF DELIVERY:		15 DAYS			
INSURANCE:					
VALIDITY:					
BENEFICIARY		TIANJIN MEIMEI DRESS CO.,LTD.			
ADVISING BANK:					
NEGOTIATING BANK:					

图 3

备注："ISSUER"答案没有显示完全，答案为：TIANJIN MEIMEI DRESS CO.,LTD. HAGUGANG TOWN,WUQING DISTRICT, TIANJIN CHINA P.C.301721

项目五

任务二　海运提单

四、拓展提升

集货单

单据号	JH20110006692		始发站	北京		集货截止时间		2011-11-17 20:00:00		
班车编号	BC026		到达站	杭州		预计装车时间		2011-11-17 20:30:00		
车牌号	京M00987		总数量（件）	560		发车时间		2011-11-17 23:00:00		
总重量（kg）	5270		总体积（M^3）	46.8		到站时间		2011-11-19 13:00:00		
序号	运单号	发货人	发货地址	货物名称	包装方式	收货人	件数（件）	重量（kg）	体积（M^3）	备注
1	YD461000000591	北京丽晶有限公司	北京市通州区梨园	家电LT35480	纸箱	北京丽晶有限公司	120	3840	28	
2	YD461000000591	北京乐宝有限公司	北京市大兴区经济	玩具车200A59	纸箱	杭州华宝有限公司	100	350	3.8	
3	YD461000000591	北京乐宝有限公司	北京市大兴区经济	玩具车200B73	纸箱	杭州华宝有限公司	80	240	1.8	
4	YD461000000591	北京乐宝有限公司	北京市大兴区经济	玩具车200C45	纸箱	杭州华宝有限公司	120	300	2.8	
5	YD461000000591	北京乐宝有限公司	北京市大兴区经济	玩具车200D90	纸箱	杭州华宝有限公司	60	252	5.6	
6	YD461000000591	北京乐宝有限公司	北京市大兴区经济	玩具车200E82	纸箱	杭州华宝有限公司	80	288	4.8	
用货说明										

填表人：刘明全　　填表时间：2011-11-17

图 4

具体信息如表 2 所示：

表 2

集货单										
单据号	JH20110006692		始发站	北京		集货截止时间		2011 年 11 月 17 日 20 时		
班车编号	BC026		到达站	杭州		预计装车时间		2011 年 11 月 17 日 20 时 30 分		
车牌号	京 M00987		总数量（件）	560		发车时间		2011 年 11 月 17 日 23 时		
总重量（KG）	5270		总体积（M^3）	46.8		到站时间		2011 年 11 月 19 日 13 时		
序号	运单号	发货人	发货地址	货物名称	包装方式	收货人	件数（件）	重量（KG）	体积（M^3）	备注
1	YD4610000005916	北京丽晶有限公司	北京市通州区梨园镇 9 号	家电 LT35480	纸箱	北京丽晶有限公司杭州分公司	120	3840	28	
2	YD4610000005915	北京乐宝有限公司	北京市大兴区经济开发区 79 号	玩具车 200A59	纸箱	杭州华宝有限公司	100	350	3.8	

续表

3	YD4610000005915	北京乐宝有限公司	北京市大兴区经济开发区79号	玩具车200B73	纸箱	杭州华宝有限公司	80	240	1.8	
4	YD4610000005915	北京乐宝有限公司	北京市大兴区经济开发区79号	玩具车200C45	纸箱	杭州华宝有限公司	120	300	2.8	
5	YD4610000005915	北京乐宝有限公司	北京市大兴区经济开发区79号	玩具车200D90	纸箱	杭州华宝有限公司	60	252	5.6	
6	YD4610000005915	北京乐宝有限公司	北京市大兴区经济开发区79号	玩具车200E82	纸箱	杭州华宝有限公司	80	288	4.8	
甩货说明：										
填表人：	刘明全			填表时间：	2011年11月17日11时					

残损记录表

编号：	CS20110004933			填报人：		李华安		
站点	北京站	运单号	YD4610000005915	车号	京M00987	施封检查	贾正学	
路由	北京-杭州	发现时间	2011-11-19 14:00:00	残损件数		21		
操作环节	卸车作业	预估价值	16800元	责任人		刘广伦		
货物残损状况	货物损坏，不能正常销售							
	报告部门	杭州站	报告人	贾正学	接收部门	北京站	接收人	李华安
解决措施	对杭州华宝有限公司赔偿实际损失							
	实施部门	北京站	负责人	李华安	日期	2011-11-19		
处理结果	报保险公司索赔							
	报告人	李华安	负责人	李华安	日期	2011-11-19		
操作站	站负责人		操作员		调度		承运司机	

图 5

项目六

任务二 货物保险单

四、拓展提升：出口履约操作（模拟试题共 5 分）

（1）该银行保函是属于预付款保函（1 分）；2008 年 4 月 30 日保函生效（1 分）；

在福建新隆进出口有限公司履约后或 LK Footwear Inc.到 2008 年 7 月 30 日仍未在中国银行福建省分行所在地提出索款，则该保函失效。（1 分）

（2）LK Footwear Inc.会凭保函向中国银行福建省分行索款（1 分），而中国银行福建省分行会没收全额保函保证金。（1 分）

项目七

任务一 出口报关单

四、拓展提升

中华人民共和国海关出口货物报关单

预录入编号：　　　　海关编号：

出口口岸 深圳海关（7900）		备案号		出口日期	申报日期 2011-07-28
经营单位 广州黄埔玩具有限公司(4401920053)		运输方式 水路运输		运输工具名称 DANU BHUM/S009	提运单号 HACB8122145
发货单位 广州黄埔玩具有限公司(4401920053)		贸易方式 一般贸易		征免性质 一般征税	结汇方式 T/T
许可证号	运抵国（地区） 荷兰	指运港 鹿特丹			境内货源地
批准文号	成交方式 CIF	运费 502/300/3		保费 0.27/1	杂费
合同协议号 INVAC02	件数 200	包装种类 纸箱		毛重（公斤） 3000	净重（公斤） 2944
集装箱号 TEXU8676881/20/2280	随附单据				生产厂家
标记唛码及备注	INVAC02 MADE IN CHINA C/NO.：1-200				

项号	商品编号	商品名称、规格型号	数量及单位	最终目的国（地区）	单价	总价	币制	征免
1	95031000	电动玩具火车	2944千克 40(	荷兰	10	40000	美元	照章征税

图 6

备注：“数量及单位”答案没有完全显示，答案为“2944 千克 4000 件”。

任务二　出口退税和出口收汇核销单

四、拓展提升：出口履约操作（模拟试题共 15 分）

（1）（8 分）

① 生产尾期检查（1 分）；需要，（1 分）因为该产品的监管证件代码为 B，即出境货物通关单，需要法定报检（1 分）。

② 应订 2008 年 6 月 29 日船期，因为 2008 年 6 月 22 日船期来不及办理相关手续；（1 分）订 1 个 40’GP 整箱，（1 分）因为 2400 双雪地靴的总体积可以装 2 个 20’GP 整箱，也可以装 1 个 40’GP 整箱，总毛重 4800 千克（2400 ÷ 6 × 12）也没超过 1 个 40’GP 最大载重量，且 1 个 40’GP 整箱的运费比 2 个 20’GP 整箱的运费便宜 USD1200（1 分）。

③ 一般还需该公司代理向厦门出入境检验检验局换取出境货物通关单（1 分）和代理报关业务（1 分）。

（2）（4 分）

① LK Footwear Inc. 应电汇 26040 美元给福建新隆进出口有限公司。（1 分）

按合同规定，70%余款见提单传真件支付，即 2400 × 15.50 × 70%=26040 美元（1 分）

② 不能马上把全套正本海运提单和其他单据寄给 LK Footwear Inc.，（1 分）因为 LK Footwear Inc.可能会退汇，所以只有当款项到银行账户时才算真正收汇（1 分）。

（3）措施包括：① 在加拿大当地另觅买家；（1 分）② 或把货物运回国内处理；（1 分）③ 凭合同向 LK Footwear Inc.所在地法院提出债务清偿请求，以降低损失（1 分）。

项目八

任务一　进口合同履行流程

四、拓展提升（模拟试题共 15 分）

（1）（12 分）

① CIF=FOB + I + F=40000 + （200 + 2000）÷ 2=41100 欧元/台（1 分）

② 进口关税=进口关税完税价格 × 进口关税率（1 分）

=CIF × 进口关税率（1 分）

=41100 × 8%=3288 欧元/台（1 分）

③ 进口增值税=进口增值税完税价格 × 进口增值税率（1 分）

=（进口关税 + 进口关税完税价格）× 进口增值税率（1 分）

=（3288 + 41100）× 17%=7545.96 欧元/台（1 分）

④ 进口总开支=进口价格＋国外保费＋国外运费＋进口关税＋进口增值税＋银行费用＋港区费用＋内陆运费＋其他费用（1分）

=〔40000＋　（200＋2000）÷2＋3288＋7545.96＋40000×0.15%〕×11　＋（2000＋4000＋2000）÷2（1分）

=571933.56＋4000=575933.56元/台（1分）＞570000元/台（1140000÷2）（1分）

该总金额不在沈阳嘉豪纺织品织造有限公司的采购预算之内（1分）。

（2）该信函不是属于接受函（1分），是属于还盘函（1分），

因为改变了付款时间，属于实质性更改（1分）。

任务二　检验检疫证明

四、拓展提升：办理进口批件和开证操作（模拟试题共20分）

（1）需要办理自动进口许可证（2分），因为剑杆织机有监管证件代码为O（1分）。

（2）（17分）

<table>
<tr><td colspan="3">IRREVOCABLE DOCUMENTARY CREDIT APPLICATION
TO:　Agricultural Bank of China, Shenyang Branch　Date:　Apr. 1, 2008</td></tr>
<tr><td colspan="2">(　) Issue by airmail
(　) With brief advice by teletransmission
(×) Issue by teletransmission　(0.5分)
(　) Issue by express</td><td>Credit No.

Date and place of expiry
JUN 15, 2008, in Hong Kong (0.5分)</td></tr>
<tr><td colspan="2">Applicant
Shenyang Jiahao Fabric Weaving Co., Ltd.
No. 23 Nanjing Rd. Shenyang, China (0.5分)</td><td>Beneficiary
ITMM Ltd.
No. 19 Wang Hoi Rd. Kowloon Bay, Kowloon, Hong Kong (0.5分)</td></tr>
<tr><td colspan="2">Advising Bank
Intesa Sanpaolo S.P.A., Hong Kong Branch, Hong Kong, SWIFT: IBSPHKHHXXXXN(0.5分)</td><td>Amount: EUR80 000.00 (0.5分)
Say: Euro Eighty Thousand only (0.5分)</td></tr>
<tr><td>Partial shipments
(　) allowed
(×)not allowed(0.5分)</td><td>Transshipment
(　) allowed
(×) not allowed (0.5分)</td><td rowspan="3">Credit available with <u>any bank in Hong Kong</u> (0.5分)

By (　) sight payment　(　) acceptance (×) negotiation (0.5分) (　) deferred payment at
against the documents detailed herein
(×) and beneficiary's draft (s) for <u>100</u> % (0.5分) of invoice value at <u>90 days after sight</u> (0.5分)
drawn on <u>issuing bank</u> (0.5分)</td></tr>
<tr><td>Loading on board:
not later than
For transportation to:</td><td>Genoa, Italy (0.5分)
May 31, 2008 (0.5分)
Dalian, China (0.5分)</td></tr>
<tr><td colspan="2">(×) FOB (0.5分) (　) CFR (　) CIF (　) other terms</td></tr>
</table>

Documents required: （marked with ×） 1.（×）Signed commercial invoice in _5_（0.5 分）copies indicating L/C No. and Contract No. JH08009 （0.5 分） 2.（×）Full set of clean on board Bills of Lading made out to order and blank endorsed, marked "freight [×] （0.5 分）to collect / [ ]prepaid" notifying _the applicant_ （0.5 分） （ ）Airway bills/cargo receipt/copy of railway bills issued by ______________ showing "freight [ ]to collect/ [ ] prepaid" [ ] indicating freight amount and consigned to____________ 3.（ ）Insurance Policy/Certificate in_____for _____of the invoice value blank endorsed, covering___________ 4.（×）Packing List/Weight Memo in_5_（0.5 分）copies indicating quantity, gross and net weights of each package. 5.（×）Certificate of Quantity and/or Quality in_2_（0.5 分）copies issued by _the Manufacturer（0.5 分）. 6.（×）Certificate of Italian （0.5 分）Origin in_1_（0.5 分）copies issued by _the Manufacturer（0.5 分）. 7.（×）Beneficiary's certified copy of fax send to the applicant within _three working（0.5 分）days after shipment advising L/C No., name of vessel, date of shipment, name, quantity, weight and value of goods. （ ）Other documents, if any
Description of goods: GGG Rapier Loom 1900mm working width（0.5 分）, 2 sets, （0.5 分）EUR40 000.00 /set FOB Genoa, Italy（0.5 分）,
Additional instructions: 1.（×）All banking charges outside the opening bank are for beneficiary's account. （0.5 分） 2.（×）Documents must be presented within _15_ （0.5 分）days after date of shipment but within the validity of this credit （ ）Other terms, if any
STAMP OF APPLICANT: 沈阳嘉豪纺织品织造有限公司 李嘉豪（手签）

任务三 进口收汇核销与索赔

四、拓展提升（模拟试题共 15 分）

（1）装船指示（5分）

Dear Sir, We are pleased to inform you that we have booked space（1 分）according to the order No. JH08009 covering GGG Rapier Loom 1900mm working width（1 分）estimated time of departure from Genoa, Italy on May 9, 2008（1 分）via WAN HAI 603, V. 06W20.（1 分）

Forwarder Agency in Genoa, Italy: KUK International Freight Forwarding Co., Ltd.

Address: No.45 Jim Rd. Genoa, Italy

Contact Person: Henry

Tel：0039-419-891-0088

Fax：0039-419-891-0077（1 分）

Proper arrangements of shipment will be appreciated。

Best regards,

Jack

（2）（4 分）

① 因为开证行合理审单时间是收到单据次日起的 5 个工作日（1 分），加上双休日，刚好 1 周（1 分）。

② 还需调查提单的真实性（1 分）和到货情况（1 分）。

（3）（6 分）

① 开证行不能拒付，（1 分），因为开证行只处理单据，不处理货物或履约行为，只有单据不符合信用证要求时才能拒付（1 分）。

② 根据合同规定，外贸业务员 JACK 应向中国出入境检验检疫局申请对机器进行检查，并出具检查报告（1 分），在质保期内向出口商索赔损失（1 分）。

③ 从中可以吸取教训，不应该采取凭交单全额支付货款的信用证支付方式（1 分），应该采用 10%左右余款在质保期后支付，或由出口商银行开给我方一份质保保函，从而使我方权益得到保障（1 分）。

参考文献

[1] 冷柏军. 国际贸易实务[M]. 北京：对外经济贸易大学出版社，2005.
[2] 张亚芬. 国际贸易实务与案例[M]. 北京：高等教育出版社，2002.
[3] 杨良宜. 信用证[M]. 北京：中国政法大学出版社，1997.
[4] 陈岩. 国际贸易单证[M]. 北京：高等教育出版社，2008.
[5] 屈韬. 外贸单证处理技巧[M]. 广州：广东经济出版社，2002.